新时代基层工作者心理健康促进丛书

心向未来
——基层工作者职业健康心理建设

中共成都市金牛区委党校
成都城市社区学院 ◎编

西南交通大学出版社
·成都·

图书在版编目（CIP）数据

心向未来 ：基层工作者职业健康心理建设 / 中共成
都市金牛区委党校，成都城市社区学院编. -- 成都 ：西
南交通大学出版社，2025. 1. -- ISBN 978-7-5774
-0199-7

Ⅰ．C916

中国国家版本馆 CIP 数据核字第 2024VV0563 号

Xin Xiang Weilai—Jiceng Gongzuozhe Zhiye Jiankang Xinli Jianshe

心向未来——基层工作者职业健康心理建设

中共成都市金牛区委党校　　　　　　／编　　策划编辑／梁　红
成都城市社区学院　　　　　　　　　　　　　责任编辑／郭发仔
　　　　　　　　　　　　　　　　　　　　　封面设计／曹天擎

西南交通大学出版社出版发行

（四川省成都市金牛区二环路北一段 111 号西南交通大学创新大厦 21 楼　610031）

营销部电话：028-87600564　　　028-87600533

网址：http://www.xnjdcbs.com

印刷：成都中永印务有限责任公司

成品尺寸　185 mm×260 mm

印张　10.75　　字数　189 千

版次　2025 年 1 月第 1 版　　印次　2025 年 1 月第 1 次

书号　ISBN 978-7-5774-0199-7

定价　36.00 元

图书如有印装质量问题　本社负责退换

版权所有　盗版必究　举报电话：028-87600562

《心向未来——基层工作者职业健康心理建设》
编委会

主　编　　谭小宏　　何江军

副主编　　李　薇　　关庆珍

编　委　　洪　伟　　吴子艾　　兰　丽　　孟凡莹

序

　　加强基层工作者的心理能力建设，提高基层工作者的心理健康水平，不仅是对新时代基层工作者担当作为的客观要求，也是激发基层工作者队伍积极性的需要。2018年6月12日，中共中央办公厅印发的《关于进一步激励广大干部新时代新担当新作为的意见》和中共中央组织部随后下发的《关于认真做好关心关怀干部心理健康有关工作的通知》（以下简称《通知》）明确要求，要"坚持严格管理和关心信任相统一，政治上激励、工作上支持、待遇上保障、心理上关怀"。《通知》提出，要"加强干部心理健康教育和培训。针对干部心理健康方面突出问题，通过适时举办辅导讲座、发放图书资料、组织网络培训等形式，开展干部日常心理健康教育，各级党校（行政学院）、干部学院、社会主义学院相应班次要安排相关课程，着力提高干部心理健康水平"。《通知》还特别强调，要"注意了解掌握干部身患严重疾病、遭遇重大挫折、遭受家庭重大变故、经历重大自然灾害或事故及长期承担急难险重任务等情况，对遭受严重心理创伤或其他情绪异常、言行失常的干部，及时采取有效措施进行心理疏导和干预，发现有严重心理疾病的，要与医院、家属密切配合，积极进行治疗。对不幸发生的极端事件，要认真做好事件调查、善后处置、舆情引导等工作"。近年来，随着社会形势的快速发展，基层工作者的心理健康受到社会各界的高度关注，加强心理健康教育工作、建立健全心理健康服务体系、提高心理健康水平已成为提升基层工作者队伍整体能力素质的重要内容。重视心理健康，提高基层工作者的心理能力，对于构建和谐稳定的社会关系，积极培育良好的社会心态，具有重要的现实意义。

新时代，新风貌，更有新作为。从提高基层工作者的心理能力、构建新时代基层工作者心理健康服务体系的角度考虑，结合基层工作者群体心理健康工作的实际需要，在对基层工作者群体心理状态进行深入调研和分析的基础上，编写一系列科学、实用、通俗的心理健康教育读物，让基层工作者能够读得懂、有收获、会运用，是积极推进基层工作者心理能力建设、提高基层工作者的心理健康水平的迫切需要。鉴于此，由成都市金牛区委党校组织力量编写出的"新时代基层工作者心理健康促进丛书"，立足基层工作者实际，针对当下基层工作者队伍生活中存在的各种心理困惑和问题，逐一进行分析阐述。这套关于基层工作者心理健康促进系列丛书历经科学选题、周密策划、严谨撰写、仔细校对，具有非常强的现实性、针对性和可操作性。该套丛书具有以下几个显著特点。

一是满足了社会心理服务体系建设的需要。加强社会心理服务体系建设，培育自尊自信、理性平和、积极向上的社会心态，是党和国家提出社会心理服务体系建设的出发点，各地要将心理健康教育作为各级各类基层工作者教育培训的重要内容。本书的出版，能有效指导基层工作健全基层工作者常态化、双向的心理健康关爱机制，激发基层工作者担当作为、干事创业的精气神。

二是有助于党校为党育人才。基层工作者也是人，心理健康是基层工作者成长、发展的基础。通过从个人、家庭、职场三个维度梳理总结基层工作者的健康促进策略，有助于基层工作者在当前新形势下，领会高屋建瓴的宏大格局，拓宽总揽区域全局的视野，扎根基层，保持"求真务实"的干事作风。

三是多维促进基层工作者心理健康。基层工作者在面对组织"严管干部"要求下，需要全力推进"纷繁复杂"的基层治理工作，将自己置于聚光灯下，一言一行都显得尤为重要。因此，丛书从个人、家庭和职场三个维度对个人人格基础、家庭心理关怀、职场事业升华进行阐述，各部分相互递进、互相辉映、融为一体。

四是基层一线专家参与编写。本系列丛书在编撰过程中邀请了心理建设、基层工作者管理、家庭教育、精神医疗等基层一线专家，结合基层工作者培训实际，坚持理论与实际相结合，做到结构合理、层次分明、条理清晰、案例生动、内容贴切、方法实用，有很强的针对性和操作性。

五是多角度切入，提高特定群体心理素养。丛书从正面传播心理健康与心理保健相关理论知识，对个人、家庭、职场的矛盾和困惑予以分析，引导基层工作者主动维护主体与客体的关系，积极做好由矛盾突出、生活失意、心态失衡、行为失常等引发的极端言行预防工作。

本丛书适合作为党校基层工作者专题培训教辅资料，各类基层工作者职工的心理保健读物，心理学、管理学和社会学专业学生的辅导材料，以及基层职工等参考资料。

总之，这套丛书聚焦基层工作者心理健康问题，致力于提高基层工作者心理健康水平，为基层工作者群体在工作遇到的各种矛盾、纠葛释疑解惑，为其疏导生活中存在的压力赋能，是目前基层工作者心理健康科普教育的范本。

胡月星

2022 年 12 月 9 日于北京

前　言

　　《心向未来——基层工作者职业健康心理建设》是"新时代基层工作者心理健康促进丛书"的第三部，主要以积极心理理论和胜任力模型理论为指导，以预防基层工作者心理问题、激发基层工作者的自身潜力和心理素养为内容，最终实现心理健康促进与事业提升的目标。在现实工作中，基层工作者常常面临烦琐的工作任务，并且需要在有限的时间内完成。在时间紧、任务重的情况下，基层工作者常常背负着巨大的心理压力，在一定程度上影响了身心健康。因此，亟须帮助他们进行科学预防、有效应对。为此，本书设计了八章内容，分别是基层工作者的积极心理、基层工作者的创造心理、基层工作者的决策心理、基层工作者的管理心理、基层工作者的时间管理、基层工作者的印象管理、基层工作者的人际关系和基层工作者的社会知觉。

　　第一，关于基层工作者的积极心理，主要是以积极心理学理论和理念为指导，围绕基层工作者积极心理品质的培养、积极心理治疗的应用等内容展开，以便充分挖掘基层工作者的内在潜力，维护他们的心理健康。

　　第二，关于基层工作者的创造心理，主要是以创造心理学为理论基础，围绕基层工作者的创造性思维启迪、创造技法培养，希望达到促进基层工作者管理创新以及创造潜力开发的目标，进而推动他们的事业发展。

　　第三，关于基层工作者的决策心理，主要是以决策心理学为理论基础，借鉴古今中外的管理决策案例，结合基层工作者的实际工作，帮助他们掌握科学决策的常用方法与操作技术，在日常工作中更为科学地进行决策。

第四，关于基层工作者的管理心理，主要是以管理心理学为理论基础，从领导心理、管理心理、人员激励、授权等相关管理心理的知识与常用方法出发，帮助基层工作者有效提升自身的管理能力。

第五，关于基层工作者的时间管理，主要是介绍当今时间管理的最新知识以及常用方法，帮助基层工作者从繁重的日常工作中解脱出来，培养时间管理技能，掌握时间管理方法，提高工作效率，减轻工作压力，维护心理健康。

第六，关于基层工作者的印象管理，主要是以社会认知理论为基础，帮助基层工作者了解印象的形成机制，掌握印象管理的有效策略，在与人打交道的过程中充分发挥印象管理方法的作用，更好地了解服务对象，提高工作实效。

第七，关于基层工作者的人际关系，主要是以人际关系心理学为理论基础，从基层工作者的实际工作出发，结合人际关系心理学的研究成果，从人际吸引原理以及人际沟通策略出发，促进基层工作者的人际沟通与人际交往，以取得更好的工作效果。

第八，关于基层工作者的社会知觉，主要是以社会心理学为理论基础，了解社会认知的微观过程与特征规律，防范社会认知偏差，灵活应用社会认知方法，从而促进基层工作者更好地认识他人、理解他人、服务他人。

总之，通过上述八个内容，希望帮助基层工作者更好地深入挖掘潜力，全面提升综合素养，促进心理健康，从而更好地为人民服务。

编　者

2023 年 5 月

目 录
CONTENTS

第一章　基层工作者的积极心理

第一节　基层工作者的积极心理与心理健康 / 002

第二节　基层工作者积极心理培养的常用方法 / 009

第三节　基层工作者积极心理培养的典型案例 / 022

第二章　基层工作者的创造心理

第一节　基层工作者的创造心理与心理健康 / 026

第二节　基层工作者创造心理开发的常用方法 / 034

第三节　基层工作者创造心理开发的典型案例 / 044

第三章　基层工作者的决策心理

第一节　基层工作者的决策心理与心理健康 / 048

第二节　基层工作者决策心理优化的常用方法 / 057

第三节　基层工作者决策心理优化的典型案例 / 061

第四章　基层工作者的管理心理

第一节　基层工作者的管理心理与心理健康 / 066

第二节　基层工作者管理心理应用的常用方法 / 074

第三节　基层干部管理心理应用的典型案例 / 079

第五章　基层工作者的时间管理

第一节　基层工作者的时间管理与心理健康 / 082

第二节　基层工作者有效时间管理的常用方法 / 087

第三节　基层工作者有效时间管理的典型案例 / 096

第六章　基层工作者的印象管理

第一节　基层工作者的印象管理与心理健康 / 102

第二节　基层工作者印象管理运用的常用方法 / 107

第三节　基层工作者印象管理运用的典型案例 / 113

第七章　基层工作者的人际关系

第一节　基层工作者的人际关系与心理健康 / 118

第二节　基层工作者人际关系建设的常用方法 / 125

第三节　基层工作者人际关系建设的典型案例 / 133

第八章　基层工作者的社会认知

第一节　基层工作者的社会认知与心理健康 / 140

第二节　基层工作者社会认知提升的常用方法 / 148

第三节　基层工作者社会认知应用的典型案例 / 155

参考文献 / 157

01 ——

基层工作者的积极心理

　　当代积极心理学的兴起，引起了心理学理论研究与实践应用的巨大变化。从主观幸福感到积极情感体验，从积极自我到积极人格，从感恩到宽容的积极关系……基层工作者的积极心理品质与他们的心理健康密切相关，而积极心理干预、接纳与承诺疗法等操作性技术能够培养基层工作者的积极心理品质。

第一节
基层工作者的积极心理与心理健康

一、积极心理的含义

（一）积极心理学产生的背景

心理学从哲学中分离出来，真正被人们作为一门独立的科学来对待，只是一百多年前（1879 年）的事，但它的发展却很迅速。心理学是一门以描述、解释、预测和调控人的行为为目的，研究人的行为，揭示人的心理活动规律的科学。

心理学在发展的 140 余年时间里，产生了多个学派。弗洛伊德通过对精神病患者多年的临床分析，提出其精神分析学说。而心理学家华生提出了行为主义理论，认为人的心理就是个体对外部刺激的反应的总和。不论是"三岁看到老"的早期决定论，还是外部环境刺激的被动反应论，精神分析理论和行为主义理论对人性的看法都带有很浓的消极被动的色彩。

但是，人类真的如此被动消极吗？有部分心理学家对此表示怀疑，并开始对人类心理中积极的方面进行研究。大约在 20 世纪 30 年代，推孟（L.M.Terman）开始了关于天才和婚姻幸福的研究。同一时期，荣格也展开了对生活意义的研究。但是，随之而来的第二次世界大战中断了这种对人类积极心理的早期探索。二战期间及战后，心理学的主要任务变成了研究心理或行为紊乱的原因，找到治疗和缓解的办法，以治愈战争创伤和治疗精神病患。心理学再次披上了"白大褂"，她的任务就是找出人类心理问题的原因，然后对症下"药"。而之前对积极心理的探索似乎被心理学家们遗忘了。到了 20 世纪五六十年代，马斯洛、罗杰斯等一批心理学家开始关注人类的自由、健康成长，认为心理学家的工作应当是给予普通人群积极的关怀和爱护，帮助他们自我探索、自我成长，最终达到自我实现的目的。这种积极的论调给心理学界注入了新鲜的血液，在一定程度上引起了心理学家们对心理活动中积极一面的重视，对现代心理学理论也产生了深远的影响。这一理论流派就是人本主义心理学，成为当时精神分析学派、行为主义之外的第三种势力。

在当时的社会背景下，人们更关注战后心理问题的治愈，所以人本主义心理学家的努力并没有使主流心理学研究主题发生根本的转移。他们主要依靠个人的观察、体验和传记资料，缺乏必要的实验手段和实证根据，这在一定程度上制约了人本主义心理学的发展。

在此后几十年时间里，战争的硝烟已经逐渐消散，经济逐步恢复和发展，人们的生活水平也在不断提高。他们拥有更充分的自由、更好的物质享受、更好的教育、更丰富的娱乐方式。照理说，人们应该比过去更加幸福。但事实恰好相反，他们有巨大的工作和生活压力，很多人焦虑、抑郁，感到生活不幸福。总体来说，传统心理学主要关注的是对心理疾患的预防、干预与治疗。

（二）积极心理学的诞生与发展

1. 积极心理学的含义

"积极心理学"英文为 Positive Psychology，也有学者将其译为"正面心理学"或"正向心理学"，而"积极心理学"是我国的一种普遍译法。所谓积极心理学，是指利用心理学目前已比较完善和有效的实验方法与测量手段，来研究人类的乐观、希望等积极健康的心理品质的一种心理学思潮。积极心理学的研究对象是普通人群，要求心理学家用一种更加开放的、欣赏的眼光去看待人类的潜能、动机和能力等，探索人类幸福和快乐的奥秘，并帮助人们获得快乐和幸福。

2. 积极心理学的发展

由于积极心理学倡导者卓有成效的工作，也由于积极心理学本身的理论和实践价值，近年来，越来越多的心理学家投入到积极心理学领域的研究当中，越来越多的机构和组织鼓励积极心理学的理论研究和应用实践。积极心理学在世界范围内不断发展壮大。

积极心理学一出现，就在美国心理学界引起了广泛的兴趣。1999 年，Templetion 基金会设立"Templetion 积极心理学奖"，奖金总额共计 20 万美元，第一名的奖金为 10 万美元，以鼓励那些 40 岁以下、在积极心理学领域作出杰出贡献的心理学家；2000 年 1 月和 3 月的《美国心理学家》杂志（American Psychologist）相继推出了关于"积极心理学"专刊；一些知名的大学成立了积极心理学研究中心，其中宾夕法尼亚大学成为第一个积极心理学学位授予点；每年一度的国际积极心理学大会于十月的第一个周末在华盛顿召开。积极心理学在欧洲的发展也极为迅速。牛津大学出版社出版了《积极心理学手册》等大批积极心理学读物；2004年7月，欧洲积极心理学会议在意大利的米兰举行。

　　而在同时期的亚洲，对积极心理学的研究尚在起步阶段。我国逐步开始了对积极心理学的研究和探索。近年来，有关积极心理学的研究报告和论文逐渐增多，相关的书籍也相继问世。2004年8月在北京举行的第28届国际心理学大会上，积极心理学成为会上15个重要探讨主题之一。2014年8月，清华大学成立了积极心理学研究中心，中心隶属于清华大学社会科学学院，建立在清华大学强大的学术力量基础之上，由心理学家、社会学家、应用专家、教育学家等跨学科专家教授和学者组成，与国际学术前沿紧密结合，致力于推动中国积极心理学的研究和发展，用科学的方法为人类的幸福提供系统、完善的理论和应用建议，推广积极心理学在各个领域中的应用，培养具有传播积极心理学资质的人才。

 【拓展阅读】积极心理学轶事

　　美国著名心理学家赛利格曼在担任美国心理学会主席数月后的一天，与五岁的女儿在园子里播种。他的女儿叫尼奇。赛利格曼虽然写了大量有关儿童的著作，但在实际生活中对孩子并不算太亲密。他平时很忙，有许多任务要完成。其实，种地也只想快一点干完。尼奇却手舞足蹈，将种子抛向天空。

　　赛利格曼叫她别乱来。女儿却跑过来对他说："爸爸，我能与你谈谈吗？""当然。"他回答说。"爸爸，你还记得我五岁生日吗？我从三岁到五岁一直都在抱怨，每天都要说这个不好那个不好，当我长到五岁时，我决定不再抱怨了，这是我从来没做过的最困难的决定。如果我不抱怨了，你可以不再那样经常郁闷吗？"

　　赛利格曼产生了一种闪电般的震动，仿佛出现了神灵的启示。他太了解尼奇的成长，太了解自己和自己的职业。他认识到，是尼奇主动放弃了抱怨。培养尼奇意味着看到她心灵深处的潜能，发扬尼奇的优秀品质，培养她的力量。培养孩子不是盯着他身上的短处，而是认识并塑造他身上的最强处，即他拥有的最美好的东西，将这些最优秀的品质变成促进他们幸福生活的动力。

这一天也改变了赛利格曼的生活。他过去的五十年都在阴暗的气氛中生活，心中有许多不高兴的情绪。而从那天开始，他决定让心灵充满阳光，让积极的情绪占据心灵的主导位置。

继而，赛利格曼将这种关心人的优秀品质和美好心灵的心理学，定位为积极心理学。①

3. 积极心理学的研究内容

2000 年，塞利格曼和契克岑特米哈伊在《积极心理学导论》中指出，积极心理学的主要研究范畴有三个方面：①积极经验，如快乐、主观幸福感等；②积极特质，如智慧、创造力、美德等；③积极环境，如社会关系、文化规范、家庭等环境因素对个体潜能发挥的影响作用。

具体就研究对象而言，积极心理学的研究分为三个层面。（1）在主观层面上，研究积极的主观体验：幸福感和满足（对过去）、希望和乐观主义（对未来），以及快乐和幸福感（对现在），包括它们的生理机制以及获得的途径。（2）在个人层面上，研究积极的个人特质，包括爱的能力、工作的能力、勇气、人际交往技巧、对美的感受力、毅力、宽容、创造性、关注未来、灵性、天赋和智慧等，目前这方面的研究集中于获得这些品质的原因，以及这些品质对个体获得成功和幸福的影响与作用。（3）在群体层面上，研究公民美德（如有责任感、有职业道德、乐于助人、有礼貌、宽容），以及有利于个体形成这些美德的社会环境因素，包括健康的家庭、关系融洽的社区、有效能的学校、有社会责任感的媒体等。

---

① 郝宁：《积极心理学：阳光人生指南》，北京：北京大学出版社，2009年。

二、积极心理品质的内容

（一）积极心理品质的提出

积极心理学倡导研究人们正面的、积极的心理品质，从多方面探讨促进个体产生积极状态的各种心理因素。

积极心理品质是 1999 年 Hillson 和 Made 提出的概念。后来，Seligman 在其著作中分别使用了"positive personal trait""Positive quality"和"Positive character"等不同概念。

Seligman 在《积极心理学导论》中认为"Positive Cersonal Trait"由主观幸福感、乐观、快乐和自觉等构成。此后，他使用了"Positive Character"（积极品质）一词，并认为美德和力量是个体积极品质的核心，具有缓冲器的作用，能成为战胜心理疾病的有力武器。在某种意义上，Seligman 将美德和力量与积极品质等同起来了，对美德和力量的考察也成为积极心理学兴起后的研究重点。

（二）积极心理品质的具体内容

Petersnson 和 Seligman 从性格优势入手，构建了优势的价值实践分类体系。在此基础上，提炼出人类本性中的六大美德：智慧、勇气、正义、仁爱、节制和升华。

上述六大美德对应个体性格中的 24 种优势，分别是创造力、好奇心、好学、开放性思维、洞察力、勇敢、毅力、正直、活力、社会责任感、公平、领导力、爱、仁慈、社交智慧、宽恕、谦虚、谨慎、自我管理、美的感悟、感恩、乐观、幽默和信仰。心理学家们对这些性格优势用各种不同维度进行了分类。

Petersnson 和 Seligman（2004）将 24 种性格优势分为基调优势和阶段优势。基调优势是指不论在稳定还是变化的环境中都可能出现的优势，如好奇心、谦虚、活力等。阶段优势是根据特定情境的变化或多或少地表现出来的优势。这 24 种性格优势也可以分为"头脑"优势和"心灵"优势；积极心理学家将认知层面的性格优势称为"头脑"优势，而将情感层面的性格优势称为"心灵"优势。

三、积极心理品质与心理健康

人的积极心理品质和幸福感不是从外部输入的，而是我们自身固有的。我们每个人身上都有积极的品质，即我们与生俱来的快乐和乐观的潜能。然而，正如马斯洛指出的，人类的高级需要并不像低级需要那样是完全本能性的，而是类本能的。也就是说，满足感、感恩、宽容、乐观、希望等积极认知和情感虽然也是人类天性的一部分，是我们自身固有的本性，而且可能是全人类普遍具有的天性，但这些美好的积极品质不像焦虑、恐惧、抑郁等消极情绪那样具有自动化的功能和典型的行为模式。

消极情绪影响的行为通常具有强烈的本能性，如见到老虎我们就会害怕并逃跑，这是固定的情绪和行为反应模式，毋庸置疑。但自我满意、专注于创造和求知探索等情绪和行为反应模式是模糊的，并不固定。我们人人都希望自己生活幸福美满，都愿意珍惜生命的每一天，每个人都不想自暴自弃。这种积极的对生命的热爱一直存在，只不过很微弱。当外部世界过于复杂和险恶时，这些乐观和幸福的潜能很容易被压抑，人们稍有不顺，或者稍有一些挫败感时，人的安全感问题就会暴露出来，令人焦虑。我们感受到焦虑和恐惧时，就不容易正视自己固有的积极心理和情绪。而只有在我们一帆风顺时，这种积极性才得以淋漓尽致地表现出来。何况有些人已经被生活吓破了胆，即便顺利时，也总担心下次失败了会怎样；即便在阳光下，他们也不能发现自身的积极品质。他们需要心理医生的帮助。

积极心理学强调预防心理疾病。预防与治疗的不同在于，预防强调的是人性中的积极方面和健康的功能，相信人性中一定有抵抗障碍的倾向和潜能，成长的潜能一定会战胜不健康的因素，并相信人面对挫折和障碍时，具有自我恢复的能力。人可以用自我恢复的能力战胜疾病因素的影响，减少障碍因素的危害。

预防的心理基础在于强调人性中本来具有的抵御疾病的因素，它们不是我们从外部注入的力量，而是我们本身就具有的力量。一个接近吸烟者的青少年，自身内部就有一种积极向上的力量：一个正确处理与朋友交往尺度的罗盘，一个不想吸烟的健全的是非判断。预防只是帮助他认识到自己身上的积极潜能和强项，领悟到原来就有的抗拒诱惑的力量，知道自己是一个能把握未来、有能力选择正确生活方式的人。是他自己选择了远离吸烟，而不是心理医生改变了他，使他不去接近吸烟的人。再比如，一个具有精神分裂倾向的人，他自身也具有正确处理人际关系的经验，这种经验原本就存在，只不过当一个人有病时，这些经验被遮住了，由外显的变成潜在的。治疗过程中要挖掘这些积极的经验，将其放大，并加以利用。

扩展阅读专栏：幸福是什么？

　　从前，一个富人和一个穷人谈论什么是幸福。富人望着穷人破旧的茅草屋和朴素的穿着，轻蔑地说："这怎么能幸福？我有百间豪宅、千名奴仆、万两黄金，那才叫幸福呢！"后来，一把大火把富人的豪宅烧得片瓦不留，痛恨他的奴仆们抢了他的财物，各奔东西。一夜间，富人沦为乞丐。一年夏天，汗流浃背的乞丐路过穷人的茅屋，穷人端来一大碗凉水，问他："你现在认为什么是幸福？"乞丐眼巴巴地说："幸福就是此时你手中的这碗水。"①

　　当我们被积极的心态主导时，心理疾病自然就烟消云散了。在这一点上，心疾病与生理疾病有本质的不同。身体疾病可以与健康因素并存，如虽然你某一器官有炎症，但你的其他器官是健康的，你只感觉到身体的某一部位不舒服，而其他部位则正常。心理或者心态具有整体性，当你的消极情绪出现时，它通常会占据你心灵的核心，支配你的一切想法和行为。此时，你想的一切、做的一切无不具有消极性，在消极心态面前，甚至一个小的快乐也被消化成了整体的不快乐。比如，你因为考试成绩不好而陷入了抑郁情绪，这时你看了一部电视剧，明明是喜剧的题材，你却笑不起来，而是想到了自己的悲哀。当你情绪激昂、充满了自信和快乐时，即使是一件小的、不好的事情，你也会缩小它的不快乐，将其看成是快乐的一部分。可见，事先保持和拥有一个快乐的心态是多么重要。当你已经被消极情绪吞噬时，你要调整起来是非常不容易的。

　　我们每个人都具有一些甚至很多积极美好的心理品质，它们不仅构成了我们战胜心理疾病的内部保护性因素，而且也是保证我们获得幸福生活的内部资源。对基层工作者而言也是如此，他们也应拥有积极的心理品质，维护心理健康。

---

① http://epaper.sxrb.com/shtml/sxnmb/20190115/240789. shtml。

第二节
基层工作者积极心理培养的常用方法

一、积极心理治疗

（一）积极心理治疗的提出

积极心理治疗作为一套有特定理论与方法的心理治疗体系，是由诺斯拉特·佩塞施基安创立的。佩塞施基安本来是一位神经科专家，后来在瑞士、德国和美国等地接受了多年的心理治疗训练。1969 年，佩塞施基安在德国正式开设了自己的心理治疗诊所，在吸取其他心理治疗方法、理念的基础上，凭借其自身的天赋以及个人魅力，逐渐发展出独具特色的积极心理治疗方法，应用于大量临床病例并取得了明显的治疗效果。这种治疗方法的特点在于关注于人的积极力量和积极品质。

在积极心理治疗出现之前，心理治疗一直存在一种病理性治疗模式的倾向，也就是关注对病人的问题的评估与治疗，研究精神病理的发生、发展与纠正，把心理问题看作身体问题的类似物。但是，医生可以搞清楚身体问题的生理机制，并予以对症治疗。比如，我们知道胃溃疡与幽门螺杆菌感染有关，那么给病人服用有针对性的灭菌药物，就会取得明确疗效。但是，心理学家却没有办法确定心理问题的生理机制。比如，我们不知道强迫症是因为病人感染了某种病毒还是神经系统的哪个部分发生了病变，所以无法对症治疗。这种传统的身心问题类比的观念实际上影响了心理治疗的效果。

塞里格曼认为心理治疗应该把重点放在培养病人心理的积极力量上，而不仅仅帮助病人学会一些摆脱问题的方法与技巧。只有培养个体的积极力量才有可能真正防止心理问题的出现。这种思想类似于中国古语：授人以鱼，不如授人以渔。也就是说，要培养个体自身对抗心理疾病的能力，而不仅仅在出现问题时给予治疗。

　　佩塞施基安的积极心理治疗反对以问题为中心的病理性心理治疗，倡导用积极的心态看待个体的心理或行为问题，并在此基础上增进和培养个体自身各种潜在的积极力量，使个体成为一个健康人。积极心理治疗的预设是病人有生病的能力也有保持健康的能力，心理治疗的目的不仅要消除病人的问题，而且要帮助其开发保持健康的能力。所以，在积极心理治疗的观点看来，我们生病或者健康都是可以自己选择的，每个人都有能力对抗疾病，保持健康，只是很多人都没有认识到或者运用自身的这种能力。积极心理治疗就是帮助我们发掘这种积极能力，并学会将它运用到生活之中。

　　佩塞施基安到过许多国家与地区讲学，还曾四次来到中国。接触多种文化的经历使他发现东方的寓言、神话、谚语等具有独特的跨文化价值，在解决人的心理困惑方面有重要的作用。这些东西都包含一定的积极成分，而任何一个民族的人都有自信、自尊、追求快乐等积极品质，对故事中的积极成分都能够产生共鸣，且受其影响。就好像全世界读过《海的女儿》的人都会感动于小美人鱼对人类灵魂的执着追求，不论这位读者是男人还是女人，是东方人还是西方人。因此，佩塞施基安将许多东方神话故事、谚语、寓言等作为重要的治疗媒介来影响病人，关注心理冲突、烦恼的积极方面，使其加强自我认识，增进积极品质，建立自我信任与安全的生活模式。

　　所谓人本主义心理治疗，顾名思义，就是以人为本，其思想基础是对人性的深刻理解，对人的尊重和信赖，认为人有追求美好生活和为之奋斗的本性。更直接地说，积极心理治疗受到了罗杰斯的"来访者中心疗法"与格拉塞的"现实疗法"的很大影响。

（二）积极心理治疗的五个阶段

　　积极心理治疗的核心部分主要包括五个阶段：观察和保持距离、调查、场合鼓励、语言表达以及扩大目标。[①]

1. 观察和保持距离

　　这里的观察和保持距离，指的是来访者而不是治疗师。观察是指来访者观察自己在什么情况下与同伴发生冲突和争吵，这些又导致什么样的结果。治疗师应提醒来访

---

　　① 刘翔平：《积极心理学》（第2版），北京：中国人民大学出版社，2008年。

者将自己的观察记录下来，以便来访者更多地进行思考，使观察发挥更长久的影响。同时，这种记录必须是对事件的具体描述，而非泛泛而谈，以使来访者能够对自己的情况进行有效分析。比如，一位母亲说女儿"邋遢、懒惰"，就应该具体为"从来不自己整理房间，经常一个星期都不换衣服"。

有效的观察要求来访者能够从一定距离来看待自己的处境。如果一个人觉得自己与另一个人有某种关系，特别是有某种责任关联时，就会带入自己的主观态度去看待这个人，把自己的期望加诸这个人，对这个人有强烈的感情投入，进入对方的生活，并对其进行干涉。两个人关系越亲近，这种感情投入的程度就越深。深度的感情投入使当事人对对方的个别特征特别关注，形成一种片面主观的个性图像，就像从哈哈镜中看人的形象一样。这种偏离客观角度的心态，几乎是所有心理或社会冲突产生的前提。

要帮助来访者对自己保持一定距离进行观察，需要注意以下几点：第一，让来访者全面观察发生冲突和争吵的情况，并做好记录。记录能够使人们减少与冲突对象习以为常的交往方式的影响，更加理性、更富逻辑性地做出认识与评价。第二，让来访者用对冲突伙伴的观察代替批评。因为批评本身是一种带有消极情绪的行为，会增加冲突的程度或范围，使个体的认知能力带有情绪化。比如："他不愿意陪我逛街，故意让我在车站白等了他两个小时。"应该换一种说法："他比我认为约定的时间晚了两个小时到车站。"迟到是客观事实，但原因可能有多种，不应预先做评判。前一种说法带有明显的负面情绪，后一种说法则是客观记录。第三，不要让冲突牵涉无关的第三者。牵涉的人越多，情况就越复杂，就越容易失去客观性。

2. 调　查

在初始谈话中，治疗师与来访者已经完成了一份鉴别分析调查表，用来对来访者进行诊断。本阶段用与之类似的分析调查表进行心理治疗。具体来说，治疗师在两次治疗期间要求来访者按照治疗师制作的分析调查表格式，对自己和冲突伙伴的现实能力进行鉴别分析，一般让来访者先进行自我评价，然后再对伙伴进行评价。这是一个自助过程，来访者应该独立进行，治疗师不应把自己所做的鉴别分析表给对方看，也不应对其中的问题与之进行任何讨论。来访者可以通过这个调查，更全面客观地了解自己与冲突伙伴的品质、行为方式和能力。

这个过程就是一种治疗。评价自己和伙伴关系时，要使来访者体验到与评价内容相应的情绪，并产生一种新的认识。比如："原来我的伙伴并不那么糟糕，他有许多不错的地方，甚至比我更好。"在完成分析调查之后，治疗师要与来访者一起讨论这两份分析鉴别表。通过双方的共同评析，来访者会对自己及其冲突伙伴的品质有更客观深刻的了解。同时，还能经由治疗师的分析了解自己产生心理紊乱的原因，即片面地重视个别现实能力，而忽视了其他能力。

在认清了存在的问题之后，治疗师要与来访者一起澄清问题的生活来源史，使来访者认识到自己有问题的态度并不是天生的，而是自己在生活中逐渐形成的。那么现在，他也能影响自己的冲突，对其加以控制和改变。

3. 场合鼓励

场合鼓励是指来访者在一定的场合要对自己的冲突伙伴进行各种形式的鼓励。来访者在这一阶段的角色是自己周围环境特别是自己冲突伙伴的治疗师，所以必须与冲突对象建立起新的、良好的相互信任关系。建立关系的第一步是让来访者主动肯定冲突伙伴的积极品质，且不是泛泛肯定，而是当伙伴做好某件事情时即时鼓励，强化其具体的积极行为。

但是，这里对积极行为强化的目的并不是消除行为问题，而是通过帮助来访者改变与伙伴的交往方式，促进彼此间的信任，改变来访者的态度。所以，在此阶段，来访者唯一要做的事情就是表扬和肯定。治疗师要让来访者在一定的时间内多次练习，以帮助他摆脱旧的交往习惯和态度，并且与来访者就责备、夸奖的冲突进行公开讨论，引导来访者用积极的解释来取代既往的消极解释。重要的不是他人的实际行为，而是来访者对他人行为的解释与态度。

4. 语言表达

人际关系出现问题的大多数原因是沟通出现问题，其中语言误解和曲解是一个极其普遍的情况。佩塞施基安认为，语言误解的发生主要是因为语言经常存在形式和内容上的歪曲。

在形式上，生活中常用的电文式和自白式语言风格容易导致冲突。电文式语言是指像"是的""没有""也许"这样简短、不完整的语言形式，它们在不同场合会产生不同的意义，使沟通时的理解具有片面性。而且，由于意义含糊又简短有力，容易被认为带有抗拒性，而引来对方的不满与批评，导致冲突的发生。自白式语言是指一直喋喋不休，不给对方任何说话的机会，使双方的交流变成了一方的独白，进而引起对方情绪上的反抗与不满。这两种语言形式都不能传达沟通者的本意，且会造成语言的误解，导致冲突。在内容上，沟通双方因不同的能力而产生不同的评价，但这种区别并不能常常被双方意识到,从而造成语言上的歪曲。

积极心理治疗主张在这个阶段要帮助患者学会消除语言曲解。具体可以通过对冲突内容的分析和鉴别,对产生冲突的各种语言形式进行讨论分析,在此基础上制订适当的练习计划等,使患者形成良好的语言沟通习惯。

语言表达本身也具有心理治疗功能。首先,用准确的语言将自己的问题与冲突表达出来即具有治疗的意义,这需要面对自己的勇气,可以增进患者对自我的观察与了解。治疗师要在对语言形式和内容分析的基础上帮助患者对自己进行重新认识。其次,语言表达也是治疗目的,如果患者能够运用语言与他人良好沟通,就不易出现人际关系问题。用语言来缓解冲突、寻求解决方法的过程,也就是帮助患者提高语言能力的过程。而且,用讲故事的治疗手段也能够丰富患者的语言能力。最后,语言表达还可以影响患者的社交行为与技巧。对人际交往风格的背景、形式和结果的讨论能帮助患者掌握新的可取的交往形式,使患者提高自己的社交技能,发展以往欠缺的能力,从而改善交往状况,建立更加具有适应性的交往方式。

5. 扩大目标

积极心理治疗强调要扩大目标而不是限制目标。扩大目标就是应该注意到伙伴关系不仅仅受眼前冲突的影响,还有许多其他因素。要拓展来访者的视野,不要仅仅关注冲突,而要把冲突转移到其他行为领域。这个阶段一个重要的具体治疗内容就是克服来访者对自己目标的限制,让他知道:人们不仅要努力工作,还需要参加娱乐活动。任何人都没有权利要求对方只做他认为应该做的事情,如要求子女只是好好学习,不出去玩。

在这个阶段要注意的是,首先,治疗师要有意地把来访者的冲突伙伴纳入治疗之中。人际冲突的一个特点就是目标受到限制,在这个过程中,来访者常把现实的个别现象当作对对方进行批判的标准(如只看到对方不守时等)。而且,目标受到限制的情况经常是双方同时存在的。所以,冲突双方一起共同参加讨论,有助于问题的解决,提高双方的认知能力和爱的能力。其次,要强调来访者的自助。因为来访者始终要靠自己去生活,去面对各种各样的问题。强调自助对来访者更具有生活意义。

扩大目标在整个积极心理治疗过程中是最重要的,一是因为大多数心理问题发生的原因都是目标受到了限制;二是来访者在经过这个阶段后,就要脱离治疗师的帮助,自己去与家人、朋友生活了。治疗师在这个阶段之后要做的就是对整个治疗的效果进行评估。

　　根据临床实践结果可知，积极心理治疗对酒精及其他物质依赖、婚姻问题、教育问题、抑郁症、恐怖症、性障碍、心身疾患均有效。一般来说，经过6~10次访谈，即可明显改善或治愈。

　　积极心理治疗的五个阶段的顺序并不是不可变更的，治疗师需要根据具体的实际情况进行调整。但无论怎样调整，整个治疗在本质上都是以鼓励来访者的积极品质、培养来访者的积极力量、激发来访者的积极潜能为主。

二、接纳与承诺疗法

（一）接纳与承诺治疗的提出

　　接纳与承诺疗法（Acceptance and Commitment Therapy，ACT）是一种新型认知行为疗法，其中最有代表性的经验性行为治疗方法是通过正念、接纳、认知解离、以自我为背景、明确价值和承诺行动等过程以及灵活多样的治疗技术，帮助来访者增强心理灵活性，使其投入有价值、有意义的生活。

　　接纳与承诺疗法是由美国著名的心理学家斯蒂文·海斯（Steven C. Hayes）教授及其同事于20世纪90年代基于行为疗法创立的新的心理治疗方法，是继认知行为疗法后的又一重大心理治疗理论。ACT与辨证行为疗法、内观认知疗法一起被称为认知行为治疗的第三浪潮，是认知行为治疗法的最新发展。

　　接纳与承诺疗法的目标是提高心理灵活性，即提高心理改变的能力或坚持功能性行为以达到价值目标的能力，旨在寻求建立更宽广、灵活、有效的应对方式，而不仅针对狭窄的心理问题的具体认知内容进行反驳，治疗中强调所检验问题间的联系。

（二）接纳与承诺疗法的理论基础

　　关系框架理论是有关人类语言和认知基础研究的一个全面的功能性语境模式，认为人类在进化过程中产生了语言，了解语言和认知是了解人类行为的关键。人类语言和高级认知是具有一种习得的和受语境控制的能力，可以人为地使事件相互关联和结合，并根据这些关系改变具体事件的功能。

　　人们对语言和认知关系的学习具有三个主要特征：第一，这一关系具有"相互推衍性"。如果一个人学习到A在某一语境中与B有特定的关系，那么意味着在这一语境中 B 与 A 也有这种关系。第二，这一关系具有"联合推衍性"。如果一个人学习到在特定的语境中 A 与 B 有特定的关系，而 B 与 C 有特定的关系，那么，在这一语境下，A 和 C 相互之间势必也存在某种关系。第三，这一关系能使刺激的功能在相关刺激中转变，如"望梅止渴"，听到"梅"的声音，就会联想起真实的"梅"，然后就会刺激唾液分泌。当所有上述三个特征确定并形成某种特定的关系时，我们就称这种关系为"关系框架"。

（三）关系与承诺疗法的治疗过程

1. 挑战旧思路

由于接纳与承诺疗法要挑战来访者日常使用的应对策略，所以治疗师通常在治疗开始就会让来访者反思之前尝试过多少种失败的方法，并询问来访者是相信自己的思维还是相信实际经验，目的在于用来访者的亲身经历去挑战之前的直接消灭问题的思路。

2. 明确"控制是问题"

为了使来访者明白这个原理，治疗师会指导来访者进行"不要想咖啡"的实验：先简单描述咖啡的各种性质，然后要求来访者在接下来的时间里唯一要做的就是不要想任何前面提到的咖啡的性质。通过类似实验使来访者明白他们试图控制自动化思维、情感与记忆的过程是在进行一场绝不会获胜的游戏。

3. 去融合练习

"牛奶牛奶"是认知去融合技术的典型练习：治疗师和来访者在短时间内大声地重复"牛奶"一词，一段时间后来访者会发现"牛奶"一词失去了原有的意义，而变成了一个单纯的词汇。这个练习旨在使来访者理解词语仅仅是词语。

4. 学习正念技术

为使来访者更好地掌握正念的技术，治疗师将正念技术形象化：要求来访者想象一队小人列队从左耳走出绕过眼前走进右耳，每个小人举着印有图片和词语的牌子，要求来访者保持旁观，让队列自由行进而不使自己陷入其中。这一过程经常作为家庭作业，使来访者体验观察自己的思维与依思维观察世界的区别。形象的想象使来访者易于把握正念有目的的、此时此刻的、不带批判性的特点。

5. 情境化自我

为使来访者从概念化自我的视角转换到情境化自我的视角，治疗师会用棋盘作比喻：让来访者想象一个无限延伸的棋盘上摆着对阵的白子和黑子，白子是积极体验，黑子是消极体验。来访者努力支持白子赢过黑子，因为黑子占优就意味着来访者的自我概念受到威胁，于是来访者的一部分体验成了自己的敌人。而治疗师会提醒来访者，与其认为自己是白子，不如认识到自己只是棋盘，来访者可以有痛苦的记忆和不好的想法，白子和黑子的战斗也还会继续，但来访者可以让战斗继续，而不必生活在战区。通过这一比喻，来访者对自我的理解，从被各种标签概念化的自我转换成了作为背景的自我。通过这一转化，来访者不再视负性体验为威胁，从而强化与此时此地的联结。

6. 澄清价值观

以价值观为行动导向是接纳与承诺疗法的特色。治疗师会问来访者希望自己的生命彰显了什么，甚至让来访者想象自己的葬礼，希望墓碑或悼词上写些什么，以此澄清来访者在主要生活领域的价值观。治疗师会强调价值观是一个不断追求的方向而不是某个具体的可实现的目标，强调价值观的澄清是个人选择而非受限于评估或判断。

7. 行动承诺

最后，来访者要承诺做出与价值观相联结的行动，这一部分广泛地采用传统行为疗法的各种技术。此阶段会设定短期与长期的具体目标，使来访者一步一步地实践更加灵活的行为模式，在接纳与改变之间实现平衡，进而创造有价值的生活。

三、生活质量疗法

（一）生活质量疗法的理论基础

生活质量疗法是由弗里希提出并倡导的一种积极心理学取向的治疗方法。生活质量疗法的诞生需要追溯到阿伦·贝克（Aaron Beck）的认知疗法。生活质量疗法的创始人弗里希早期曾接受经典认知疗法的培训，并在其求学过程中尝试将认知疗法用于非临床群体的主观幸福感和生活满意度的提升，并最终发展出了一套新的疗法。

在理论上，生活质量疗法作为一种积极心理学取向的疗法，是对贝克认知疗法的一种补充。如果说贝克的认知疗法专注于负性问题的解决，那么生活质量疗法强调解决负性问题的同时也强调积极面的发展。需要注意的是，生活质量疗法并非单纯关注积极的一面，既可以用于非临床群体的幸福感提升，也可以用于抑郁症等临床问题的治疗。在解决负性问题时，生活质量疗法大量采纳了认知疗法的经典技术，也吸收了新发展起来的一些技术。在发展积极生活方面，生活质量疗法则广泛吸收了积极心理学现有的研究成果，以一系列技术提升来访者的幸福感和生活满意度。

生活质量疗法和贝克的认知疗法之所以关系紧密，其另一个原因是生活质量疗法在理论上源于贝克关于抑郁症的双模式理论。模式或者图式的概念在认知疗法中非常重要，人们根据所激活的模式对信息进行加工。简单地说，双模式理论强调，在治疗抑郁症的过程中，不仅要使旧有的导致抑郁的模式不再激活，而且要帮助来访者建立新的模式，即使来访者按照积极的方式加工信息。生活质量疗法着力帮助来访者发展新的、建设性的、有助益的模式（Constructive Modes）。

（二）生活质量疗法的核心技术

1. 生活质量疗法的评估手段

与认知疗法的传统一致的是，评估过程在生活质量疗法中也非常重要。作为一种积极心理学取向的疗法，如何将积极心理学的内容与传统的临床评估相结合是十分重要的课题。积极心理学运动的兴起使得心理健康的标准从原先的疾病模式转变为既考虑消极症状也考虑积极症状的完整模式。根据生活质量疗法的基本框架，生活质量疗法分几个步骤对来访者进行全面的评估。

第一步，从整体水平的角度去评估来访者的满意度。评估生活满意度的具体工具是弗里希等开发的生活质量调查表，该量表用16道题概括生活质量疗法的16个领域。每道题评估两个指标：一个指标是该领域对自己的重要性，另一个指标是对该领域的满意度。两者相乘便得到了该领域的得分，最后相加得到生活满意度总分。

第二步，评估来访者的生活目标。前一步骤评估了来访者整体的状况，而第二步则要求来访者简短地写下自己在各个领域的愿望或目标。需要深入的话，可以在这一步的基础上让来访者通过"幸福饼图"的方式，画出自己现在的幸福由什么组成（包括给幸福带来伤害的内容），自己理想的生活中这个饼图又应该由哪些领域构成。这一步与前一步结合，使得来访者能够对自己的生活有一个全面的把握，认识到自己可能需要对自己的生活进行重新审视并做出相应的调整。

第三步，如果来访者在生活质量调查表上的得分较低或者需要有针对性地接受某一领域的干预，可以进一步考察生活质量调查表中每一个领域的情况，从而鉴别出需要及时干预的特定领域。同时，可以进一步评估关于特定领域的问题，根据

CASIO 模型，评估该领域的客观环境或外在条件、来访者对外在情境的知觉、内在的标准与来访者对该领域的重视程度等，以及来访者在特定领域的技能（比如是否缺乏人际交往技能等）。

第四步，根据上述评估结果，与来访者一起探讨究竟是什么原因导致来访者出现低满意度。考虑这一问题的框架包括前面用于评估的 CASIO 模型等。由于咨询与治疗的复杂性，具体的分析过程也会较为复杂。这需要正确地理解和掌握生活质量疗法，也需要治疗师具备一定技能等。

第五步，了解医学和生理资料。这里指与来访者的医生联系，询问来访者的身体情况和用药情况等。生活质量疗法涉及来访者日常生活的方方面面，由于心理治疗师很可能不是医学方面的专家，因而经常与来访者的医生联系，有助于更好地为那些有身体疾患的来访者提供更好的服务。

第六步，在临床情境下，进一步考察来访者的负面心理症状，也就是按照传统的诊断标准［如《精神疾病诊断与统计手册》（DSM）］对来访者的负面症状进行评估。

第七步，综合以上各方面的内容，与来访者一同得出最终的结论，或者说与来访者讨论个案的概念化和治疗计划。

2．个案概念化

如何进行个案概念化并确定治疗计划，这是传统认知疗法也会面临的问题。诸如要倾听来访者的反馈和意见等细节，本书不再陈述，下面介绍生活质量疗法进行个案概念化的过程。

个案概念化中的第一步为全面评估。这一步主要涉及前文所提的评估过程，需要治疗师对来访者的病理症状、可用资源与自身优势、生活中的问题以及一些与治疗理论或治疗框架等有关的要素有一个全面而清晰的把握。

第二步为狭义概念化，具体包括：（1）来访者目前最主要或最急需解决的问题是什么？这一问题显然决定了治疗的方向与深度。（2）引起来访者问题的因素是什么？这一问题一方面需要治疗师结合相关的理论与实践，比如 CASIO 模型或者贝克认知疗法中的图式等概念、关于临床问题的最新科研证据等；另一方面要结合个案进行具体的分析和探讨。（3）哪些因素维持了来访者的问题？引发与维持问题的因素可能相同，也可能不同，正确理解当下的问题对治疗具有重要作用。（4）不同问题之间的关系如何？对于复杂的个案，理清不同问题之间的潜在关系对于安排治疗措施非常重要，这是治疗师应当留心的问题。

第三步为治疗计划的确定。具体而言又可以分为3个小步骤：（1）决定治疗问题的顺序。维持当前问题的因素或者来访者最需要改变的领域显然应该优先得到关注，但是任何涉及自杀或伤人的问题则更具紧迫性。这里的一个技巧是优先提供简单且高效的干预措施，从而增加来访者的希望和信心。（2）确定每一个要治疗的问题，整体规划治疗的长远目标以及何时结束治疗。（3）为每一个要治疗的问题提供具体的治疗技术或方案。

3．五种幸福途径

第一，改变客观环境与生活条件。改变客观环境与生活条件是提升幸福感最直接的方法。改变客观环境与生活条件意味着来访者付诸行动从而改变他所不满意的情境。举例来说，一个对婚姻并不满意的人，可以找婚姻治疗师或相关专业人员进行咨询，从而改善婚姻中双方的关系或者提高自身处理婚姻生活中问题的技能与技巧。总之，一切在来访者头脑之外的工作，都可以被看作对外在环境的一种改变。

第二，改变态度。态度主要强调来访者对问题的知觉，即来访者有没有全面地知觉客观世界、存不存在知觉的偏见，等等。改变来访者对外在世界的知觉，便可以改善来访者的情绪状态。在这方面，生活质量疗法使用的主要技术是"测谎仪"技术。该技术与认知疗法中的"思维监测"技术十分相似。来访者在出现情绪波动时，首先要知觉自己的情绪，然后寻找情绪背后的自动化思维。进而，根据在生活质量疗法中所学到的认知辩驳技术，分析思维是否符合外在的客观现实，以及思维之中是否存在逻辑错误，进而对情境产生新的积极的看法，然后采取更适宜的行动。

 【拓展阅读】爱地巴跑圈的故事

有一个叫作爱地巴的人，每次他和别人起争执而生气的时候，就以最快的速度跑回家去，绕着自己的房子和田地跑三圈，然后坐在田边喘气。爱地巴非常勤劳努力，在他的工作下，房子越来越大，田地也越来越广，但不管房地有多大，只要与人争论生气时，他还是会绕着房子和田地跑三圈。

爱地巴为何每次生气都绕着房子和田地跑三圈？所有认识他的人都感到很疑惑，但是不管怎么问他，爱地巴都不愿意说明。后来爱地巴老了，房地已经太大，当他生气时，只能拄着拐杖艰难地绕着房子跟田地走。等他好不容易走三圈，太阳都下山了。

有一天，爱地巴独自坐在田边喘气，他的孙子问他："阿公，您年纪大了，这附近没有人的土地比您更大，您不能再像从前一样，一生气就绕着土地跑啊！您可不可以告诉我这个秘密，为什么您一生气就要绕着土地跑三圈呢？"

爱地巴禁不起孙子的恳求，终于说出隐藏在心中多年的秘密，他说："年轻时，我一和人吵架、争论、生气，就绕着房地跑三圈，边跑边想，我的房子这么小，田地这么少，我哪有时间、哪有资格去跟人家生气？一想到这里，气就消了，于是就把所有时间用来努力工作。""阿公，您现在年纪大了，又变成最富有的人，为什么还要绕着房地跑？"爱地巴笑着说："我现在还是会生气，生气时绕着房地走三圈，边走边想，我的房子这么大，田地这么多，我又何必跟人计较？一想到这里，气就消了。"孙子听了，笑一笑说："原来是这样啊！"爱地巴也跟着笑了。然后祖孙两人就这样伴着夕阳，慢慢地走回家。[①]

第三，改变标准。生活质量疗法的第三个方面是改变内在的标准，通过调整来访者不恰当的期待与标准来改变来访者的满意度。相比于"态度"涉及认知的方方面面，"标准"更多地集中于完美主义的相关信念。比如，年轻人可能会受到媒体的影响而给自己的理想伴侣设定一个不切实际的标准，从而产生恋爱与亲密关系方面的问题。具体的工作依然是修正非黑即白等逻辑问题。

第四，改变不同领域的权重。来访者的整体生活满意度是各方面满意度的总和，而各方面知觉到的满意度在对整体满意度作出贡献之前，一个很重要的变量就是来访者对这一领域的重视程度。因而，调整来访者对某一领域的重视程度也是促进来访者整体满意度的一种方法。比如，治疗师和来访者分析来访者是否对某些重要或有积极意义的领域关注得不够，以及来访者是否可以以某种方式降低那些不满意的或暂时无法控制的领域在其总体幸福感中的权重，等等。

第五，提升其他领域的幸福感。强调对生活的纵向与横向的整体视角是生活质量疗法的一大特色。不同领域的幸福感不仅能对整体幸福感有贡献，而且这些领域之间

---

① 李炳全：《积极心理学：打开幸福与成功之门的钥匙》，北京：科学出版社，2016年。

也可以相互影响。有些领域，比如友谊与爱情，对于某些重视人际和社交的人而言有部分的替代作用。因而，提升其他领域的幸福感对于治疗也是非常重要的，哪怕这一领域目前并不特别被来访者关注。这一方面所要干预的主要问题，就是来访者将幸福感全部压在某一领域，"将鸡蛋放在一个筐里"。比如，一个女孩可能把爱情看作自己价值的全部，甚至忽略了生活中的其他领域，如工作、学习等；或者一个"工作狂"将全部的精力以及自我价值都放到工作上。这样不仅牺牲了生活中其他有意义的内容，而且一旦其所在领域受到挫折，结果将是非常致命的。

第三节
基层工作者积极心理培养的典型案例

一、案例资料

毛相林，重庆市巫山县竹贤乡下庄村党支部书记、村委会主任。他 40 多年来坚守偏远山村，坚持苦干实干，带领村民们用最原始的方式在悬崖峭壁上凿石修道，"山凿一尺宽一尺，路修一丈长一丈"，历时 7 年铺就了一条长达 8 千米的"绝壁天路"。

出山公路修通后，他又带领村民们披荆斩棘、攻坚克难，探索培育出"三色"经济，发展乡村旅游，提振信心和志气，把绿水青山变成了金山银山，让乡亲们改变了贫困落后的面貌，过上了富裕文明的生活。2015 年，下庄村在全县率先实现整村脱贫。2020 年，下庄村人均收入达 1.3 万元。

毛相林打通绝壁、誓拔穷根的事迹传遍了全国各地，赢得了人们广泛赞誉，他先后被授予"中国好人""感动中国 2020 年度人物""全国脱贫攻坚楷模"等荣誉称号。作为基层工作者的杰出代表，毛相林是深受村民信赖的脱贫致富带头人，是人们心中的"好干部"，为我国社会主义新农村建设的干部树立了好的标杆。[①]

二、案例分析

积极心理学的基本理念是重视原本就存在于人的心灵结构中的积极心理品质，通过认识、培养和激发个体积极的情感体验、积极的人格特质、积极的认知、积极的人际关系、积极的自我、积极的信念等，帮助其更好地完成生活和工作中的各项任务，

[①]　黄希庭：《社区心理学导论》，北京：人民教育出版社，2021年。

迎接各种挑战。

当代积极心理学的大量研究表明，个体的积极心理品质能够帮助他们有效地克服消极认知、消极情绪、消极行为倾向，避免焦虑、抑郁、愤怒、无意义感等各类心理问题乃至心理疾病。不仅如此，积极心理品质还有助于个体价值的实现。

在案例资料中，毛相林作为下庄村的党支部书记、村委会主任，带领村民克服了重重困难，最终实现脱贫致富的目标。在毛相林身上，人们能够看到他的坚定信念、坚持不懈、锲而不舍……他身上所表现出来的不少品质，正是积极心理学关注和研究的内容。

积极心理学非常重视研究一个人身处逆境时的乐观、希望、心理韧性等积极心理品质。基层工作者在工作中并不是一帆风顺的，很多优秀的基层工作者克服各种困难，突破艰难险阻，取得突出业绩，正是因为他们具有积极心理品质。

我们也不难看出，毛相林身上有多种典型的性格优势。他40多年来坚守偏远山村正是他乐观、责任感、信仰的表现；他带领村民们用7年时间在悬崖峭壁凿出8千米的"绝壁天路"，正是他勇敢、毅力的表现；他探索培育出"三色"经济并发展乡村旅游，正是他领导力、创造力、开放性思维的表现。

基层工作者要培养自身的积极心理品质，使自己成为一个有梦想的人、一个乐观的人、一个宽容的人、一个具有抗逆力的坚强的人、一个有爱心的人、一个有创造力和想象力的人、一个专注于做事和享受做事过程的人……

 领取任务单专栏：发现最好的自己

（一）最佳的自己。想象一下你生活在一个所有梦想都变为现实的世界中。现在用20分钟时间写下你的想象。连续4天都这么做。

（二）最好时刻的你。想象一下最好时刻的你，并且用一页纸记下故事发生的情景。回顾你所写的东西以及你表现出来的性格优势。在一周中每天都读这个故事，并且考虑你的优势。

（三）描绘你的未来。撰写一个卡通剧本，而你是其中的主角。在卡通的每一个画面中，描绘你实现目标的每一个必要的步骤。在一周内至少重复3次这个过程，并每天回顾你的卡通剧本。

（四）我的故事。描写一段最能反映自己本质特征的故事。首先要看到有些故事会让你以一种局限的眼光看待自己，让你过着不真实的生活。找到它们，重新改写，然后写出新的故事，以展露更真实的你。[1]

资源链接

1. 公众号：清华大学积极心理学研究中心。该中心建立在清华大学强大的学术力量基础之上，由心理学家、社会学家、应用专家、教育学家等跨学科专家学者组成，与国际学术前沿紧密结合，致力于推动中国积极心理学的研究与发展。

2. 网易公开课《哈佛大学公开课：幸福课》。网址：https://open.163. com/newview/movie/courseintro?newurl=%2Fspecial%2Fopencourse%2Fpositivepsychology. html。本课程视频共 23 集，由哈佛大学 TalBen Shahar 博士主讲，是哈佛大学最受欢迎的课程。TalBen Shahar 摒弃了有关幸福的传统观念，从科学的角度为我们上了一堂新颖生动的幸福课。

3. 电影《当幸福来敲门》。该影片是由加布里尔·穆奇诺执导，威尔·史密斯、贾登·史密斯、桑迪·牛顿等主演的美国电影。影片取材真实故事，主角是非洲裔美国人投资专家克里斯·加德纳。影片讲述了一位濒临破产、老婆离家的落魄业务员，如何刻苦耐劳、奋发向上成为股市交易员，最后成为知名的金融投资家的励志故事。影片主演获得第 79 届奥斯卡金像奖最佳男主角的提名。

---

[1] 刘翔平：《积极心理学》（第2版），北京：中国人民大学出版社，2018年。

02

第二章

基层工作者的创造心理

当代创造学研究表明，人人都有创造潜力。创新创造并不是一件神秘莫测的事情，而是每个人都具有的潜能和本性。基层工作者在工作和生活中，发挥出创新潜力，能够极大地提高工作效率，降低工作压力，促进身心健康。当然，基层工作者创造心理的培养和开发是有多种方法的，用好这些方法有助于发挥他们的创造潜力。

第一节
基层工作者的创造心理与心理健康

一、创造与创新

（一）创造的内涵

在学术界，人们对"创造"有很多种解释。日本创造工程学家恩田彰在其著作《创造的理论和方法》中，列举的有关"创造"的定义多达 83 个。从全世界范围来看，各国的学者对创造的定义更是众说纷纭。

所谓创造，是指个人或组织产生新奇独特的、有社会价值的新成果的活动过程。首先，新颖性和价值性是创造概念的核心。其次，新成果可以是某种思想、理论、方法、技术，也可以是产品。

与其他人类活动相比，创造活动具有以下六个方面的特点：①新颖性。前所未有的、与众不同的新颖性是创造最主要的特点之一。②目的性。人类的任何创造活动都是有目的的，也就是说，人们总是为了某种目的而从事创造活动。③求异性。创造还具有求异性的特征。要想产生前所未有的、具有一定社会价值的发现、发明，就必须突破传统，找出其不同之处，即求异。④普遍性。创造不仅存在于各个比较正规的、集中的科研领域，也存在于人类活动的一切领域，其中还包括人们的日常生活领域。⑤实践性。创造是一种实践活动，从实践中来，并接受实践的检验，这是创造的共性。实践性一方面是指满足实际需求而产生新的事物，另一方面指创造过程是一个实践性过程。⑥超前性。创造就是首创前所未有的事物。所谓首创就是"第一个"。作为第一个，它永远超前于他人的认识，也可能超前于社会的认识。创造超前于社会的认识，社会认识滞后于创造，这也是客观规律。[①]

（二）创新的内涵

创新是近年来出现和使用频率最高的词语之一。关于创新的概念，不同学科、不同领域的学者有不同的解释。所谓创新，是指通过创造或引入新的技术、知识、观念或创意，创造出新的产品、服务、组织、制度等新事物并将其应用于实践以实现其价值的过程。这里所说的价值包括经济价值、社会价值、学术价值、艺术价值等。

根据创新活动的不同领域，创新又可分为科技创新、观念创新、理论创新、制度创新、文化创新、教育创新、技术创新、产品创新、管理创新等。对于基层工作者来说，他们在工作中有较多机会进行制度创新、观念创新等。制度创新是指引入一项效率和效益更高的新制度来代替原来的制度，以适应制度对象的新情况、新特性并推动制度对象的发展。相对于技术创新、产品创新、市场创新，制度创新也许是最根本的。制度创新在人类社会的发展中是至关重要的。制度作为人类的"游戏"规则，其本身也是人类社会发展的产物。随着人类实践活动的不断丰富和深化，人类社会的制度应不断得到创新。观念创新是要改变人们对某种事物的错误、过时的或不利于实践的既定看法的思维模式，换一个新的观察角度，得出一个新的结论或形成一个新的观点，从而采取新的态度和方法去行动的过程。在本质上，观念创新就是一场意识形态的变革，其过程是人们冲破各种旧的意识形态，并根据新的存在得出新的认识、树立新的观念，以适应现实并力图改造现实而进入新境界的思想历程。

二、创造心理的内涵

心理学界对于创造心理的研究由来已久，20 世纪 50 年代创造心理研究迎来了高峰期。心理学家对创造心理开展了大量研究，并认识到创造心理不是一种单一的能力或特质，而是个体具备的一种潜能或者素质，是一种综合能力。这里，我们将创造心理区分四个维度：创造精神、创造意识、创造意向和创造意志。[②]

[①] 谭小宏：《应用创造学教程》，武汉：武汉大学出版社，2014 年。

[②] 谭小宏：《青少年创造力开发读本》，武汉：武汉大学出版社，2013 年。

（一）创造精神

创造精神是人类不断进行创造的内在强大动力，是人类在创造性活动中保持的较稳定和持久的积极心理倾向。一般而论，创造精神是指一个富有创造性的人的精神状态，或者说是人在创造新事物、新思想过程中表现的某种精神素质。创造精神由认知、情感和意向三种心理成分构成。三者相互联系、相互影响，共同形成一个具有强大动力的、使人的创造性不断产生和发展的创新系统。

具有创造精神的人必然不安于现状，而会永葆追求和探索精神。这样的人把追求新事物、探索未知领域作为自己的生活乐趣。古人云："知之者不如好之者，好之者不如乐之者。"不断标新立异，以探寻新事物作为快乐的源泉，那他一定能不断攀登一个又一个科学之巅，这正是创造的快乐所在。那么，创造精神具有哪些基本特征呢？总结起来，创造精神一般具有以下八个特征。

第一，勇于改革。创造是一个突破现状、破旧立新的过程，任何事物、任何人的思想，如果永远停留在原有状态、原有水平，那就永远不会有发展，永远不会产生新事物、新思想，面向未来的人总是勇于改革和敢于破旧出新的人。

第二，善同求异。创造性强的人既善同更善异。"善同"就是善于吸收新思想、新事物，能够博采众长，把新鲜的、先进的事物同化过来，变为自己更新更美的东西。"善异"就是善于发现矛盾（差别、异端、不足、缺陷），善于从不同的方面、角度去观察、思考、研究和处理问题，善于提出与他人不同的新见解、新方案，直到创造出与众不同的新产品（包括新观点、新理论）。

第三，讲求实际。有创造精神的人都讲求实际，他们既能"异想天开"，又能"脚踏实地"，善于实事求是、解决现实问题，理论联系实际、重视实验实证。

第四，敢想敢做。创造总是在发现问题后先有一个设想。设想了又总要说出来，同他人探讨或争取他人支持赞助，说后还要付诸实践——做。

第五，勤学敏思。具有创造精神的人总是勤于学习，不但学知识，而且重视信息，他们爱动脑筋、爱好钻研，具有创造性思维。

第六，独立自主。创造活动要求人的思维与活动都富有独创性，也就是列宁所说的"自动首创"精神。

第七，面向未来。有创造精神的人是热爱未来的人，他们有远大的理想、抱负和顽强的开拓进取精神，为未来更加美好的事物、更加美好的社会和更加美好的生活而奋斗。

第八，争先敢超。发奋要争先，图强要敢超，这是创新家、创业者至为重要的精神状态、心理品质。

创造精神的基本动力是创造激情。创造激情是创造力的耀眼火花，是伴随创造意识产生和爆发出的一种积极热烈的情绪体验。这种情绪体验与人的道德感、理智感和美感等高级社会情感紧密联系。智慧只有在和智慧的碰撞中才会发出动人的火花，智慧碰不到智慧就要生锈。因此，创造者与创造者之间的切磋、探讨和争辩，是点燃创造激情的利器。

（二）创造意识

心理学研究认为，意识是人所特有的反映现实的最高形式，是人对现实的一种有意识、有组织的反映，具有自觉性、目的性，而这两种特点又是在从事生产劳动与社会交往的实践中形成的，同时也具有明显的社会性。在心理学里，对内在的及外在的一切变化无所知和无所感的情形叫无意识；有意识就是一个人对其身心状态及外在的环境变化的综合觉察与认识。所谓创造意识，就是对与创造有关的信息及创造活动、方法、过程本身的综合觉察与认识。创造意识强的人也就是对上述内容敏感，再将意识的主动性加以强调，那么创造意识也可以理解为想去创造的自觉性和积极性，也就是创造的欲望。

成功学大师拿破仑·希尔曾做过这样一个心理试验，他问一群学生："你们中间有多少人，认为美国可以在30年内废除所有的监狱？"他话音刚落，马上有学生站起来回答道，"这不可能。无论如何，监狱是必需的。"其余的人也开始议论起来："有些人天生就坏，总改不好的。现在的监狱还不够用呢？"听完学生们的话，拿破仑·希尔接着说道："刚才，你们都说了各种不能废除监狱的理由。现在，让我们试想如果真的可以废除监狱，我们应该怎么做呢？"这时，大家又开始纷纷议论起来。有人说："应该成立更多的青少年活动中心，减少犯罪事件。"有人说："应先消除贫穷，因为低收入者犯罪率高。"也有人说："应该采取预防犯罪的教育措施。"不一会儿，大家又提出了很多种方法。这时，拿破仑·希尔笑着说道："当你认为某种事情不可能做到时，你的大脑就会为你找出种种做不到的理由。而当你相信某一件事可以通过自己的努力做到时，你的大脑就会帮你找到各种方法。"

从上可知，创造意识是人们自觉地进行创造性思维、发挥创造潜能、力求产生创造性成果的思想观念。一个人创造意识的强弱，与他的世界观、人生观、知识结构、能力结构、思维水平密切相关，与他所处的社会环境、学习和工作环境也有直接的关系。创造意识是人们在创造活动体验、经验和创造认识基础上形成的对创造的高度敏感性和自觉进行创造活动的一种心理准备状态。人的创造意识是在创造活动过程中培养起来的，是在认识创造的基础上形成的。创造需要和创造需求的存在是创造的前提，创造活动首先基于创造需求的存在和人们对创造需求的认识，创造需求的存在和对创造需求的认识是创造意识和创造意向活动发生的前提。创造意识涉及对创造的需要和创造的重要性、必要性和可能性的认识，涉及创造活动体验、经验的获得和积累，涉及人们在创造活动体验、经验和创造认识基础上形成的对创造的高度敏感性和自觉、自发进行创造活动的一种心理准备状态。创造意识是一种心理准备状态，不是创造能力和创造性思维，创造能力和创造性思维是创造的前提，但创造意识在创造过程中的重要地位绝不亚于创造能力和创造性思维。

 【经典案例】两则"创造"小故事

德国画家海曼作画时，经常为找不到橡皮而烦恼。有一天，他索性将橡皮绑在铅笔上，然后又潜心作画了。

海曼没有想到，一个可以改变他的命运的发明机会就在他的手心中"溜"掉了。过了几天，有位朋友来看望他，偶然间看到了这支绑着橡皮的铅笔，很受启发，回去设计了带橡皮头的铅笔并申请了专利。

几年后，海曼的这位朋友因此成了百万富翁，而海曼仍然是个清贫的画家。这个故事告诉我们，一个人如果没有创造意识，哪怕正在进行着某种"创造"的实践，由于自己不能意识到它的意义而轻易地失去创造的机会。

再讲另外一个故事，那就是美国青年菲力普的故事。有一次他在硬木板上拧螺钉，螺钉的沟一会儿就滑扣了。他想了想，就用铁锯把沟锯深些。还有没有更好的办法呢？他拿着锯比量着，灵感来了，新的办法有了。他又锯了一条和原来的沟垂直的交叉的沟。一种新的螺钉——十字螺钉就在他的手中诞生了。菲力普没有因自己方便就满足了，他很快就提出了生产这种螺钉的专利，还设计了拧这种螺钉的十字螺丝刀。

海曼和菲力普都是在工作中遇到了难题，也都想出了办法，解决了实际问题。但从发明创造的角度来看，两个人的最终结果却完全不同，原因就在于海曼缺乏"创造意识"，而菲力普则具有很强的"创造意识"。[1]

（三）创造意向

所谓创造意向，是指激发人们的创造潜能，推动人们进行创造活动的欲望、希望、愿望、谋略等行为反应倾向，是人们积极追求、拥护、开展创造活动，获得创造成果的一种正向或肯定的意志取向过程。

一个人要真正开发出自身的创造潜能，成功地获得创造性成果，离不开创造意向。明确的创造指向、强烈的创造激情，都是进行创造活动不可或缺的前提条件。很难想象，一个没有创造意向的人，其创造潜能能得到合理的开发和运用。一个人要想有所创造，就必须时刻使自己处于创造的热情当中，只有长期沉浸在这种心理状态中，才会在时机成熟时顺利地进入创造境界。

当前，对创造意向的研究主要集中于两个方面：一是创造兴趣，二是创造动机。前者是人们力求认识、探索某种事物或某种活动的积极心理倾向，是推动某种创造活动产生的原动力和本能反应；后者是支配创造者从事创造行为的内在驱动力，是由好奇心、兴趣、需要、情感等因素相互作用而组成的动态系统，对人们的创造性活动具有较强的引发作用。

（四）创造意志

意志是人们在完成一项有目的活动时所进行的选择、决定和执行的心理过程。意志品质在发明创造中有很大作用，良好的意志品质能够激发为选定目标而奋斗的热情，意志行动可以使精神振奋、经受磨炼、增长才干。人们在发明创造过程中通过意志行动去克服困难，同时也培养和发展了智力，促使人成才。意志行动既表现在克服内部困难（即个人的懒惰、疲倦、恐惧、分心等心理）方面，也表现在克服外部困难（工作中的困难、别人嘲笑、打击和反对等）方面，这些困难是在完成特定任务时产生的。

---

[1] 谭小宏：《创造教育学导论》，北京：北京师范大学出版社，2012年。

【经典案例】为人类社会作出杰出贡献的袁隆平

　　一点也不夸张地说，如果袁隆平去申请专利的话，他一定可以成为中国最富有的人，但他却把专利无私地贡献给了国家。还是看一看数据吧，没有杂交水稻之前，全国最好稻田亩产为400公斤。而现在大部分稻田亩产在800公斤左右。你看，人工杂交水稻这项新技术已经使稻米产量提高了一倍！袁隆平的杂交水稻技术每年增产的粮食便为世界解决了7000万人的吃饭问题！

　　袁隆平获得了"首届国家最高科学技术奖"，不仅赢得了中国人民的尊敬和喜爱，而且正像世界杰出的农业经济学家唐·帕尔伯格写的一部名著《走向丰衣足食的世界》中对袁隆平评价的那样："他在农业科学的成就击败了饥饿的威胁，他正引导人们走向一个丰衣足食的世界。"[1]

　　因此，意志是克服困难时一种校正自己、支配自己并自觉地调节自己行为的心理品质。意志品质同样也与发明创造活动有密切关系，培养意志品质对人们的创造活动是非常重要的。创造意志是创造主体自觉地确定创造目标、克服创造活动中的困难以实现创造目标的心理品质，是在创造中克服困难、冲破阻碍的心理因素。

　　创造意志主要体现在创造的目的性、顽强性和自制性等方面，是创造活动走向成功的主观保障，主要体现在坚韧不拔、专心致志和果断性等几个方面。

三、创造心理品质与心理健康

　　基层工作者在工作中开展创新创造，遭遇失败的概率可能会比较高，因此应正确地去面对它。创造活动本身就是一个艰难的过程，会惧怕失败会造成创造者畏首畏尾、顾虑重重，助长其消极和懒惰情绪，遇到困难时绕道而行，从而不愿竞争和冒险，做事循规蹈矩、照章行事，形成惰性思维。要培养顽强的创造意志，就要消除这种心理。敢于冒险和能容忍错误是具有创造力者的特征之一。"失败乃成功之母"，对于创造

---

①　胡飞雪：《创新思维训练与方法》，北京：机械工业出版社，2009年。

活动中的错误和失败要有辩证的认识。

基层工作者要学会对自由的追求和对错误的容忍。过分地追求尽善尽美，不仅在标准与目标上不现实，而且采取行动也是带有强迫性的。在这种心态的影响下，自己对自己苛求，就会放弃本来可使自己接近和获得成功的尝试，或因追求完美无缺而失去创新的机会。因此，面对挫折和困难，要有良好的心理素质和承受能力。一方面，要时刻暗示自己："天生我材必有用"；另一方面，要理性地思考解决问题的办法。坚信自己一定能够成功，以顽强的心理承受能力笑对挫折，在总结经验中促使自己不断奋进。

当今社会是一个充满竞争、挑战的社会，人们难免会遇到挫折和困难。面对随时可能遇到的困难与挫折，我们必须保持果断，利用创新意识去处理、解决问题。果断是指个体善于明辨是非，适当而又当机立断地作出决定并执行决定的意志品质。意志力薄弱、谨小慎微、优柔寡断、事事后悔等都是不可取的。在创造中，挫折、困难普遍存在，难以避免。此时，需要个人能在复杂的情境中冷静而迅速地判断发生的情况，毫不迟疑地采取坚决的措施和行动，并在此基础上认识事物的本质，利用创新能力、创新思维，把握创新机遇，实施创新，从而实现自己的目标。

总之，基层工作者在工作中创新创造，需要锻炼自己的强大意志，培养自己的坚韧品格，保持心理健康。

第二节
基层工作者创造心理开发的常用方法

　　基层工作者创造心理开发的重点在于创造性思维的培养。当然，创造学给世界贡献的创造技法也是创造心理开发最有效的方法之一。创造技法也就是创造方法，是人们根据创造理论与创造规律总结和归纳出来的，能创造性解决问题的一些原理、技巧和方法。目前，全世界常用的创造技法已达500多种，这里我们重点介绍三种创造技法。

一、智力激励法

（一）智力激励法的含义

　　智力激励法，也叫头脑风暴法、奥斯本激励法，于1938年由美国创造学家奥斯本提出，其英文名称为 Brain Storming，Brain-Storming，最早是精神病理学用语，指精神病患者在精神错乱的状态下，会产生大量的胡思乱想。

　　智力激励法是一种集体型创造技法，一般是通过会议形式，使与会者针对会议主题，积极思考、畅所欲言、相互启发，让参会者的各种设想在相互碰撞中激起脑海的创造性"风暴"，为解决问题提供大量新颖的方法。①

　　奥斯本认为，人类的思维容易出现两种偏差。一方面，从个人的角度看，人们在解决问题的过程中往往习惯于本能地过早进行判断，而判断的依据通常是以前的经验，在此过程中容易形成定式而难以突破，无法创造性地解决问题。另一方面，从群体的角度看，在群体决策中，群体成员由于心理相互作用、影响，易屈于权威或大多数人的意见，形成群体思维，削弱了群体的批判精神和创造力，降低了决策的质量。采用

---

① 谭小宏：《应用创造学教程》，武汉：武汉大学出版社，2014年。

智力激励法就是要减少这两个方面的不利影响。

采用智力激励法组织群体决策时，首先要集中有关人员召开专题会议，主持人以明确的方式向所有参与者阐明问题，说明会议的规则，尽力创造融洽轻松的会议气氛。并且，主持人一般不发表意见，以免影响会议的自由气氛，由参与者"自由"提出尽可能多的方案。在此情境中，你可以把自己融入这个想象的情境中，充实自己的设想。人们在此环境中，能够摆脱外部对价值评价的压力，甚至可以去掉个人偏见。

【经典案例】 飞机除雪

　　美国某电信公司应用智力激励法，尝试解决电线积雪难题。公司召集 10 名不同专业的技术人员开了一个专题座谈会。与会者提出了很多解决方案，如设计专用的电线清雪机，用电热来化解冰雪，用振荡技术来除雪，坐直升机用扫帚扫雪。其中一位工程师受"坐飞机扫雪"这个看似滑稽可笑的设想的启发，提出了一种新的简单可行且高效率的清雪方法，即"用直升机扇雪"。具体方法是在大雪过后，出动直升机沿积雪严重的电线飞行，依靠高速旋转的螺旋桨即可将电线上的积雪迅速扇落。他的这个新设想同时又引出其他与会者更多的设想，这次激励会共获得 90 多条关于除雪的新设想。

　　会后，公司组织专家对设想进行分类论证最终采用了"用直升机扇雪"的方案。经过现场试验，该方法简单实用，可以有效地解决电线上积雪的问题，从而避免大跨度的电线被积雪压断而严重影响通信的事故发生。[①]

（二）智力激励法的具体实施

一般来说，智力激励法的具体实施是通过智力激励会议来进行的。智力激励会议一般包括五个步骤。

1. 会议准备

首先，选择会议主持人。会议主持人应具备以下条件：熟悉智力激励法的基本原理和智力激励会议的程序与方法，具有一定的组织能力；对会议所要解决的问题有比

---

① 王成军、沈豫浙：《应用创造学》，北京：北京大学出版社，2010年。

较明确的理解，以便在会议中作启示、诱导；能够坚持智力激励法的四项基本原则，以充分发挥激励的作用机制；可以灵活地处理会议中出现的各种情况，确保会议顺利进行。

其次，确定会议主题。由主持人和问题提出者一起分析研究，进一步明确会议讨论的主题。一般而言，智力激励法适用于比较单一的问题的解决。

再次，确定参会的人数。智力激励会的人数以 5 ~ 15 人为宜。人数过少容易造成知识面过窄，难以做到知识互补和形成信息碰撞、思维共振。人数过多则会增加对问题理解的分歧，使会议的思维目标分散，部分参会者发言的机会无法保障。此外，要注意参会人员的专业构成合理。

最后，提前下达会议通知。如果条件允许，可以提前几天将会议通知以书面请柬的形式下发给参会者，这样有利于参会者思想上有所准备并提前酝酿解决问题的办法。

2．热身活动

智力激励法安排参会者进行"热身"活动，是为了促使参会者集中精力，活跃大脑，尽快进入"角色"。

热身活动的时间不长，可以根据内容灵活确定。热身活动内容有多种，如看一段关于创造的录像，讲一个灵活运用创造技法的小故事，或者让参会者回答"脑筋急转弯"之类的题目。

3．明确问题

这个阶段主要由主持人介绍会议所要解决的问题，目的是使参会者对问题有明确的、全面的了解，以便有的放矢地去创造性思考。

主持人在介绍问题时，应注意做到简明扼要，一般要求主持人只向参会者提供有关问题的最少数量的信息，不要过多介绍背景材料，尤其不要将自己的初步设想全部说出来。这样，就不易形成条条框框而束缚参会者的思路。

同时，主持人在介绍问题时应该选择有利于开拓参会者思路的方式，也就是介绍问题要具有启发性。为了有利于明确问题和集中精力进行思考，主持人也可以将问题化整为零，并用提问的方式表述智力激励会的主题。

4．自由畅谈

自由畅谈是智力激励会最重要的环节，是决定智力激励会成功与否的关键阶段。自由畅谈的要点是想方设法营造一种高度激励的气氛，使参会者能够突破种种束缚，使思维自由驰骋，借助参会者之间的知识互补、信息刺激和情绪鼓励，提出大量有价值的设想。

在此阶段，参会者尽可能地解放思想，无拘无束地思考问题，而不必有所顾虑。同时，参会者在讨论问题时不要对自以为不正确、不可行的设想过早地提出批评，这有可能会压制不同想法，扼杀具有创造性的萌芽方案。此外，智力激励法强调参会者在规定的时间内保持思维的流畅性、灵活性和求异性，尽可能多而广地提出有一定水平的新设想，以数量上的优势确保高质量方案的出现。

为了达到"集智"和"激智"两个方面的效果，智力激励会鼓励参会者积极参与知识互补、智力互激和信息增值活动。智力激励会要求参会者仔细倾听他人的发言，注意在他人启发下及时修正自己不完善的设想，或将自己的想法与他人的想法加以综合，再提出更完善的设想或方案。在智力激励会上，任何一个人提出的新设想都会对其他人的信息构成刺激，具有知识互补和相互诱发激励的作用。

5. 加工整理

智力激励会的最后一个阶段是在自由畅谈结束后，会议主持人组织专人收集整理参会者提出的新设想，交由评价小组（不参加会议的、擅长批评分析的人员），按实用性设想、幻想性设想、平凡及重复设想等加以分类，对每个方案重点考虑以下问题：有无新颖性？有无实用性？有无经济价值？外观设计如何？内部结构是否简单？制造可能性如何？产品魅力如何？最终从中挑选出一些较好的方案。

二、类比创造法

（一）类比创造法的含义

类比（analogy）一词最早在数学中表示比例关系方面的相似性，后来该词的含义扩展到事物作用相似关系方面。经典类比的思维过程分为两个阶段：第一阶段是将两个事物进行比较，第二阶段是在比较的基础上将其中一个对象有关的知识或结论推移到另一个对象中去。也就是说，从两个事物之间在某些方面的相似或相同，推出它们在其他方面也可能相似或相同。

类比创造法就是在两个事物之间进行比较，并进行一定的逻辑推理，在比较中找到对象之间的同质点或异质点，在"熟悉"和"陌生"的类比转变中实现创造。

类比创造法希望经过类比推理能够获得较高可靠性的结论，因而在类比时要注意抓住两类事物在某些本质属性方面的相似性。但是，由于两类相似的事物毕竟存在差异，还有必然和偶然之分，所以依靠类比所得出的结论是不完全可靠的。但通过类比推理确实能够帮助人们发现鲜为人知的方案或由此悟出新的设想。

类比创造法包括异质同化和同质异化两个运作原理。异质同化是指在创造发明新事物时，借助现有事物的知识进行分析研究，找出待创造事物和现有事物之间的相同点或相似点的过程。因此，"异质"是指两个不同的事物，一个是现有事物，另一个是待创造的事物；"同化"是指找出这两个不同事物之间的相同点或相似点。同质异化是指运用决定现有事物和待发明事物的相同点或相似点的原理、结构、现状或其组合，发明创造出具有该相同点或相似点的新事物。总之，新的创造发明通常是现在不存在的东西，人们对它不熟悉；但人们非常熟悉现有的东西，在创造发明不熟悉的新东西时，可以借用现有的知识进行分析研究，启发出新的设想来。

【经典案例】　水泥肥料

> 澳大利亚曾发生这样一件事：在收获季节里，有人发现一片甘蔗田的甘蔗产量竟提高了60%。这是怎么回事呢？回想起来，原来在甘蔗栽种前一个月，有一些水泥洒落在这块田里。经过科学家们的研究，发现正是水泥中的硅酸钙，使那片酸性土壤得到了改良，这才提高了甘蔗的产量。于是，可以用来改良酸性土壤的"水泥肥料"就发明出来了。[①]

（二）类比创造的主要方法

1. 直接类比

直接类比是指从自然界或已有成果中寻找与创造对象相类似的东西，其目的是寻求原型启发，或者捕捉与解决问题类似的情境，然后将该情境中有用的原理直接类推到需要解决的问题上。在直接类比的过程中，前期是相似联想，后期是类推，两者结合就可以达到异质同化和同质异化的效果。

例如，美国一位制造瓶子的人，偶然见到女友穿了一条漂亮的裙子，裙子的膝盖以上部分较窄，显得腰部线条更优美。这位工人联想到玻璃瓶子，而设计出别开生面

---

① 冯林：《创新思维与技法》，大连：大连理工大学出版社，2009年。

的"可口可乐"瓶。

2. 因果类比

事物都具有某些属性，不同事物的某些属性之间可能存在一种因果关系，根据某一个事物的因果关系推断出另外一个事物的因果关系，这种类比就叫作因果类比。在创造过程中，掌握了某种因果关系并进行触类旁通，就有可能获得新的启发，产生有价值的新创意。

3. 拟人类比

拟人类比，也称感情移入或角色扮演，是指将创造发明的对象或者对象的某个因素人格化，假设自己是该对象或因素时，在该种情况下会怎么办。

例如，某罐头厂在设计一种榨果汁的机器时，应用拟人类比的方法来提出新设想。设计人把自己设想成橘子瓣中的一个小液泡，然后问自己："我怎样才能从包围我的细胞壁中跑出去呢？"这样将得到不少有趣的想法。有个人是这样想的："用绳子拴个石头，把绳子的另一头抓在手里，在头上甩几圈，一松手，小石头就飞出去了。如果也给我这样的离心力，就像从背后推了我一把，帮我冲破果皮的包围，跑出去。"基于这样的设想，罐头厂设计出了离心式榨果汁机。

4. 幻想类比

幻想类比就是将幻想中的事物与要解决的问题进行类比，由此产生新的思考问题的角度。借用科学幻想、神话传说中的大胆想象来启发思维，在很多时候是非常有效的。需要强调的是，幻想类比只是运用幻想来激发想象力，只是一个工具，并不是马上能创造目标。

5. 对称类比

自然界中许多事物存在对称关系，例如，物理学中的正电荷与负电荷，两者除了极性相反之外，其他都相同。也就是说，正电荷和负电荷是对称的。在创造过程中，对那些对称的事物，我们采用对称类比，也许能够获得有价值的启发。

例如，"月光农业"就是一个很好的例子。万物生长靠太阳，人们习惯于研究白天太阳与生物生长的关系。也有农艺家在对"阳光农业"的对称类比思考中悟出了"月光农业"的创意。经过长期的研究后，居然获得了意想不到的结论：万物生长也得益于月亮。例如，向日葵、青豆、玉米等植物，它们在发芽几厘米时，若沐浴月光就生长得很快；月圆前两天种下的玉米，比月圆后两天种的长得更快；而新月时种下豌豆，则比平时种的更易凋谢。

6. 象征类比

象征类比是针对问题，用某种概括、抽象的形象、符号或句子表达和反映问题的本质，以该概括、抽象的形象、符号或句子为中介，寻找具有与中介内容相类似的事物作为类比物，从而把两个平时不可能相提并论、没有相互联系的问题对象和类比物联系起来，进行类比联想，提出解决问题的方案。

例如，在联合国总部大楼前竖立着一组以"和平"为主题的雕塑，其中"打结的枪"特别引人注目，显示出很高的创造性。这个近乎黑色的青铜雕塑是卢森堡在1988年赠给联合国的，整个雕塑做成一把手枪的形状，但是枪管被卷成"8"字形，打上一个结，因此名叫"打结的枪"。这一雕塑的含义很明显，那就是制止战争、禁止杀戮。

7. 综合类比

综合类比是指根据一个对象要素间的多种关系和另一个对象综合相似而进行的类比推理。两个对象要素的多种关系综合相似，往往意味着两个对象之间具有相似的结构。如果做进一步的推断，则可由结构相似而推出二者的整体特征和功能也很可能相似。

三、组合创造法

（一）组合创造法的含义

组合创造法是指将两个或两个以上独立的结构、原理等技术因素通过巧妙的组合或重组，以获得具有统一整体功能的新材料、新工艺、新技术和新产品的创造技法。

组合创造法是一种非常重要的创造技法，甚至已经成为发明创造的主要方式。有人统计过1900年以来的480项重大创新成果，结果发现20世纪三四十年代的创新成果是以突破型为主而以组合型成果为次的；五六十年代，两者大体相当；到了80年代，突破型成果渐趋于次要地位而组合型成果则变为主导地位。

组合不是胡乱拼凑，系统、巧妙的组合有时能够引发重大的发明创造。例如，美国的阿波罗登月计划，登月飞船的构件有300多万个，两万多家企业以及120所大学和研究机构的42万余名研究人员参与，历经11年时间将3名宇航员送到月球并返回地球。然而，阿波罗计划的负责人韦伯却说："阿波罗宇宙飞船计划中，没有一项是突破性的新技术，都是现有的技术，关键在于能否把它们精确无误地组合在一起，实行系统管理。"

【经典案例】 瑞士军刀——最精彩的组合发明

被世界各国视为珍品的瑞士军刀，是由制造刀具的鼻祖埃森娜家族制造的。100多年前，瑞士军方迫切需要一种便于行军携带的多用途刀子，于是就向以制刀闻名的埃森娜家族订购。经过精心设计，选择优质材料，埃森娜家族终于制造出符合要求的高质量刀具。此种军刀小巧玲珑，方便实用，且不易磨损，功能齐全。每把刀上都镶有盾形十字，璀璨夺目。

瑞士军方用后，大为称赞，瑞士小军刀以其精良的工艺成为许多人不可缺少的工具。其中被称为"瑞士冠军"的款式最为难得，它由大刀、小刀、木塞拔、开罐器、螺丝刀、开瓶器、电线剥皮器、钻孔锥、剪刀、钩子、木锯、鱼鳞刮、凿子、钳子、放大镜、圆珠笔等31种工具组合而成。携刀一把等于带了一个工具箱，但整件长只有9厘米，重185克，完美得令人难以置信。[①]

（二）组合创造的具体方式

根据参与组合的组合因子的性质和主次以及组合的方式，组合创造法大致可以分为同类组合法、异类组合法、附加组合法、重组组合法等不同方法。

1. 同类组合法

同类组合法是指将两个或两个以上相同或近于相同的事物进行组合，以获得新设想或新组合成果的创造技法。

同类组合法的特点首先表现为组合的对象是两个或两个以上的同一事物或同一类事物。其次，在组合的过程中，各个参与组合的对象在组合前后其基本原理、基本结构一般没有实质性的变化。最后，同类组合的产物，往往具有组合的对称性或一致性趋向。

同类组合法往往只是通过数量的增加来弥补功能上的不足或获得新的功能，而此类新功能或新意义是原有事物单独存在时所缺乏的。

---

① 杨乃定：《创造学教程》，西安：西北工业大学出版社，2003年。

【经典案例】 战斗机上使用的窗格玻璃

战斗机上使用的防弹玻璃最开始就有一种严重的缺陷。当子弹击中防弹玻璃时，虽然玻璃不会破碎，但是整块玻璃上都会有裂纹，这就严重妨碍了驾驶员的视线，极易酿成机毁人亡的事故。

解决方案是：玻璃是由小块的玻璃块组成的，黏结在一块丙烯酸可塑板上，使用透明的黏合剂将玻璃块黏接起来。当子弹击中时，只有受到袭击的那一小块玻璃上有裂纹，而不会影响飞行员的视线。[1]

2. 异类组合法

异类组合法是指将类别或性质不同的两种或多种事物组合在一起，以获得新事物的创造技法。

异类组合法在创造中具有非常重要的意义，不仅包括不同领域的技术原理、方法、思想的组合，而且包括事物的不同功能的组合。

在异类组合法中，参与组合的事物来自不同的领域，彼此之间一般没有主次之分。在组合过程中，组合物从意义、原理、功能、构造、成分等一个或多个方面相互渗透，使组合后的整体方式发生变化。

3. 附加组合法

附加组合法，也叫主体附加组合法，是指以原有的某一事物为主体，补充加入新的内容或添加新的附属物，以改进原有事物的性能或增加新的功能和用途。

在附加组合法中，主体的性能基本保持不变，附加物对主体起到补充、完善或充分利用主体功能的作用。当然，一个主体可以附加多种附加物，一个附加物也可以附加在多种主体上。

附加组合法通常可以使主体产生新的功能和价值，应用范围很广泛。附加组合法在运用时，首先确定主体，分析主体在功能上需要补充完善的地方；然后，根据附加的目的确定附加物及组合方案。

---

① 陈吉明：《创造力开发与实践》，武汉：武汉理工大学出版社，2009年。

4. 重组组合法

重组组合法是指有目的地将组合的事物进行分解，然后根据需要将分解出来的因素重新进行组合，以促使事物的功能和性能发生改变，从而获得新产品的创造技法。

重组组合法也可以通过改变事物内部各组成部分之间的相互位置来改变其相互关系，达到优化事物的性能的目标。重组组合法通常是在同一事物上进行的，但根据需要也可以添加附加物。

5. 分解创造法

分解创造法是与组合创造法相反的一种创造技法。分解创造法简称分解法，是指将一个整体事物进行分解后，使分解出来的那部分，经过改进完善，成为一个单独的整体，形成一个新产品或新事物。

分解创造法是把整体化为局部，把大问题分解为小问题，把系统分解为子系统、子子系统，从而将复杂、难解的问题分解，变成许多小的、简单的、易解的小问题，这样再通过各种途径就可以将问题解决。

分解创造法可以是将某一事物"分解成若干部分"但仍构成"一个整体"，从而获得新的功能；也可以是从"一个整体"中分出某个组成部分或某几个组成部分，由此构成功能独立的、新的"一个整体"。

分解法和组合法虽然是不同的创造技法，但是以现有事物的功能为前提，以变迁出再生功能为目的，完善旧功能、增添新功能、开发新产品或新方法是这两种创造技法的同一思路。

 【经典案例】 运用分解法对手套进行创新

手套是非常简单的生活用品，将手套再分解能得到什么呢？江苏镇江的一位工程师心血来潮，把普通的薄型白手套的指套部分剪去，再在手套的背面印上五笔字型的指法和字根规则，成为专利产品"电脑上机手套"。这样，初学者戴上手套上机就十分方便，忘记了规则看一下手套的背面便立即可知。

西安有一位大学教师与其相反，把手套的指套部分分解出来，成为单独的产品——卫生指套，用无菌塑料薄膜做成的指套附在食品包装中，在食用前将指套套上手指，以防手指上的细菌污染食品，特别适合旅行时使用，也获得了专利。[①]

---

① 冯林：《创新思维与技法》，大连：大连理工大学出版社，2009年。

第三节
基层工作者创造心理开发的典型案例

一、基本情况

中央电视台"经济半小时"栏目有一期节目叫作《重庆："地球癌症"有"解药"》，里面讲述了一个"青花椒扶贫"案例。重庆市曾有一个国家级贫困县酉阳县（现为酉阳土家族苗族自治县），这里的土地面临严重的石漠化问题。石漠化就是地表的土层被破坏了，经过雨水冲刷后，石头遍地，只在石头缝中有一些薄土。这种石漠化土地只能种一些玉米、红薯、土豆之类的农作物，但产量极低，只够糊口。更麻烦的是，耕种这些作物需要每年翻土播种，这会进一步导致水土流失。

对地方政府来说，这是一个两难问题：想要治理土地石漠化，就不能让农民再种这些作物；但不让农民种作物，又会加重当地农民的贫困。当地的扶贫工作者怎样才能既治理石漠化问题，又让当地农民脱贫呢？

扶贫工作者想过很多办法。一开始想种杨树，这种树长得快，但喜欢大水大肥，在石漠化地区水土不服。杨树不行，他们又试着引进果树，也没有成功。后来，一家专门从事青花椒种植的农业企业来到酉阳，结果意外发现，石漠化土地非常适合种植青花椒。青花椒根系分布浅，而且生命周期长达四十年左右，能够很好地保持水土。更重要的是，种青花椒的经济收益比红薯、玉米高得多。

当地政府立刻行动起来，号召农民都来种植青花椒。但是，还有两个问题需要政府出面解决：第一，花椒树的前两年为幼苗期，是不能开花结果的，所以农民在前两年是没有收入的，而且还有种不活的风险；第二，花椒的市场价格的波动很大，怎么保证农民收入的稳定性？

当地县政府是这么做的：他们把国家划拨用来治理石漠化的专项资金，用来向这家农业公司购买青花椒的种子和技术服务。这家公司在石漠化的土地上大量种植青花椒，等两年后青花椒成活了，可以开花结果了，再由政府无偿转让给当地农民。这等于政府出钱做前期投资，后期管理和收益都交给农民。

不但如此，酉阳县政府还和农业公司签订了收购价格风险分摊协议，也就是农业公司向农民提供6元一斤的保底收购价。如果市场价格高于6元，多出来的部分由农业公司和农民五五分成。

这样一番操作，同时解决了治理石漠化、农民稳定增收以及农业技术发展的问题，这是中国精准扶贫的宝贵经验。[①]

二、案例分析

从"青花椒扶贫"案例来看，我们可以从不同的角度来分析该案例中个体的创造心理。首先，人类的创造潜力是无穷的，"方法总比问题多"。我们在生活与工作中遇到困难时，只要积极开动脑筋，充分挖掘我们的聪明才智，是可以找到解决问题的方法的。当然，问题解决的前提是我们要有坚定的信心。

其次，从案例中可以发现，解决问题还需要讲究方法。特别是遇到一些没有先例、没有现成经验可以借鉴的难题时，需要我们采用全新的、独特的视角去思考，不断尝试、探索并最终找到解决问题的"钥匙"。在此过程中，我们创造潜力的发挥需要灵活应用创新方法，突破窠臼，战胜困难。

此外，在"青花椒扶贫"案例中，扶贫工作者为了推进扶贫工作，不断想办法，"屡败屡战"，即使遭遇种种挫败也不言放弃，最终解决了问题，实现了脱贫。这里体现了创造心理中的创造意志：很多时候我们的创新创造是要付出艰辛的努力之后才可能成功，我们每个人在困难面前都要有坚韧不拔的意志。

资源链接

1. 记录片《创新中国》（http://jishi.cctv.com/special/cxzg/sy/index.shtml）。

《创新中国》是一部讲述中国最新科技成就和创新精神的纪录片，关注我国前沿

---

① http://tv.cctv.com/2017/07/22/VIDEG9YUGZckz9vld9wyDEk5170722．shtml。

的科学突破、新潮的科技热点，聚焦信息技术、新型能源、中国制造、生命科学、航空航天与海洋探索等前沿领域，用鲜活的故事记录当下中国伟大的创新实践。2018 年 3 月 5 日—3 月 10 日 20：00 在 CCTV-9 纪录频道播出。

2. 网易公开课"创造性思维与创新方法"。网址：https://open.163. com/ newview/movie/free?pid=M8BB0P9MI&mid=M8BG5UONN。本课程视频共 10 集，由大连理工大学冯林教授主讲。人类的生活已经离不开创造与创新活动。然而许多研究证实，中国学生普遍具有高智商、高知识、高经验，但是创新能力却相对较低。究竟是哪些原因阻碍了我们进行创造的脚步？我们又应该从哪些方面入手来清除这些绊脚石呢？在这门课程中，我们将通过大量实例来揭示原因，提供开发创造性思维的新思路，讲述最新的创新技法与方法。

03 ————

基层工作者的决策心理

　　每个人在生活中经常需要做出某种决定，如在消费活动中，小到去超市买牙膏选哪个品种，大到家里买一套什么样的房子。在工作当中，人们也常常需要就某个问题作出决定。作出某种决定，在专业上叫作决策。基层工作者在工作中经常遇到需要作决策的情况。那么，从心理学的角度来看，基层工作者的决策过程具有什么样的特点？哪些因素会影响他们作决策？基层工作者如何作出科学的决策？以上问题将在本章进行探讨。

第一节
基层工作者的决策心理与心理健康

一、决策与决策心理的含义

（一）决策与决策心理

决策是什么？如今关于决策的界定不下百种，仍然没有形成统一的看法，归纳起来基本上有三种理解：第一，从广义上来看，可以把决策看作一个包括提出问题、确立目标、设计和选择方案的过程。第二，从狭义的角度看，可以将决策看作从几种备选的行动方案中作出最终抉择，是决策者的拍板定案。第三种看法认为，决策是对不确定条件下发生的偶发事件所作的决定。这类事件既无先例，又没有可遵循的规律，做出选择要冒一定的风险。因此，只有冒一定风险的选择才是决策，这是对决策概念最狭义的理解。

那么，决策心理是指什么呢？在很多情况下，决策心理被等同于决策，这是因为从决策的含义上来看，决策本身是一个人思考的过程或问题解决的过程，是一个包含多种心理成分的活动过程。并且，当前决策心理学的研究表明，决策不仅受到决策者的知觉、记忆、行为方式以及思维方式等的影响，而且受问题情境、问题表述和提问方式等因素的影响。因此，决策的过程就是一个心理活动过程，在多数情况下决策心理可以等同于决策。

 【经典案例】过度自信：有效决策的心理因素

第一个实验，被试需要回答大量一般的知识性问题，并且要估计出正确回答的可能性。问题的形式如下：Absinthe（苦艾）是一种烈酒还是一种宝石，并且要在跨度为 0.50 ~ 1.00 的量表上估计出有多大把握确定问题的回答是正确的。然后实验者检验被试完全确信时正确回答问题的概率。实验发现，当被试百分百确信自己的答案时，他们的正确率只有 70% ~ 85%。为了确保实验结果不是由于被试对概率的误解引起的，利希滕坦、菲什霍夫和斯洛维奇进行了第二个实验。

第二个实验，形式和第一个实验基本相同，只不过关于"你对你的答案有多大把握"改成了"你正确回答问题的可能性与回答错误可能性之间的比值（比如 1：1，2：1 等）"。利希滕坦、菲什霍夫和斯洛维奇发现，当信心估计大约为 3：1 时，信心和准确度非常一致；但是当信心提高到 100：1 的时候，准确度却没有明显的变化。事实上，即使当人们的信心值达到 10000：1 ~ 1000000：1 时（表示完全确认），他们的正确率也仅仅为 85% ~ 90%。

在第三个实验中，实验者询问被试是否愿意接受一项金钱上的赌博，如果他们自信过度将会导致 140 美元的金钱损失。这项赌博是基于那些被试确认正确的信心比值达到 50：1 或者更高时所给出答案的准确度，在 19 名被试中有 13 人愿意参加这项赌博活动。然而，在他们确认正确的比值高达 50：1 之上的问题中，仍有 12% 的回答是错误的。

由此说明，在决策过程中，出现过度自信是一个极为普遍的现象，不管人们持有什么动机或者愿望，过度自信仍然是不会消失的。大多数研究都发现，平均信心水平从没有超过准确度 1% ~ 2%，也就是说，只要决策者对自己的判断不十分确定，过度自信就不会滋长蔓延。[①]

（二）决策的特点

1. 选择性

决策就是作出选择。没有选择也就无须决策。决策过程中往往存在多种方案，这些方案之间各有差异和优缺点。对于决策而言，从这些方案中选择最优的或者满意的方案至关重要。对于基层工作者而言，他们的决策有时并非直接在各种方案中做选择，而是在隐含的多种备选方案中作出选择。

---

① 孙科炎：《聪明的决策者：管理决策究竟是怎么一回事》，北京：中国电力出版社，2014年。

2．预测性

决策的问题通常是还没有发生或者即将发生。决策的影响往往在决策执行之后才会出现。在有些情况下，决策的影响会在决策执行以后的很长时间内才能显现出来。这要求决策活动既要立足于现实，又要面向未来，要有预见性和前瞻性。

3．目的性

任何决策都有其目的，目的是决策的方向。如果目的不明确，就无法提供有效的备选方案，也就无法进行方案的选择。科学决策的基础就是要有明确、清晰的目标。有了目标之后，才可以对决策的质量进行判断。

4．实践性

决策的实践性可以从两个方面来理解：一方面，决策的目的是解决问题，因此必须将决策方案付诸实践。这就要求决策方案要有可操作性。另一方面，要掌握决策的科学规律，也需要不断实践，在实践中提高决策水平。

5．动态性

决策活动是一个动态过程，决策者要根据决策环境的变化情况、决策执行结果的反馈信息，不断调整、修正方案，甚至要做出新的决策方案，以期达到最佳的决策效果。

6．主观性

无论是个体决策还是集体决策，都不能忽视决策者个人的价值标准和偏好等主观因素对于决策过程的影响。决策的这一特性也说明了决策在一定程度上是一个主观思维活动的过程，决策者的素质对决策有重要影响。

【经典案例】我们不是选最好的

人们通常认为，决策者对决策过程中每一个备选方案的结果和其发生的概率都了如指掌，而且能正确地理解这些信息，并可直接或者间接地推算出每一种备选方案的利弊。而理性的决策就是在这些推算结果中，选择能够实现最大效用的方案。

事实上，决策者并不总是这样行事。诺贝尔经济学奖获得者赫伯特·西蒙指出："不管有机体在学习和选择情景中的行为多么具有适应性，这种适应能力都不能达到经济理论中理性的'最大化'状态。"因此，人们在作决策的时候，追求的不是"最优"而是"满意"。而所谓的"满意"，是指选择一个最满足决策者需求的方案，即使这一选择并不是理想或者最优的。

例如，你打算今天晚上七点半和女朋友看一场电影，而你六点才下班。为了不饿着肚子去看电影，你决定在看电影之前先和女朋友共进晚餐。对于这次晚餐，你有几点要求：环境幽雅，饭菜可口，价格适宜，上菜时间要快。

经过简单的信息搜集，你心目中确定了两个选择对象。其中一个在公司楼下，饭菜一般，环境一流，但是消费比较高；另一个是在电影院附近，饭菜质量很棒，价格公道，环境一般，但是上菜速度很慢。

显而易见，这两种方案都不满足你的期望，不是环境不好，就是价格太高。但因为你只有一个半小时，没有时间寻找更好的方案了，所以只能在这两个餐馆中选择一个自己比较满意的，否则你就只能忍着饥饿去看电影了。[1]

7. 风险性

决策的风险性主要来自两方面因素：第一，决策者个人的主观因素（如价值观、主观偏好等）和非理性因素（对风险和收益的态度）会给决策带来一定的风险；第二，决策未来环境的不确定性和决策的预测性，使决策本身具有风险性。

8. 价值性

决策过程需要收集信息、组织决策、进行决策认证等，这些活动都需要花费大量的时间、精力、财力，因此决策者需要有效控制决策成本。此外，对于决策方案的选择，决策者也应该确保决策效益最大。对于基层工作者来说，决策无小事，决策的效益有时是经济效益，有时是社会效益。

二、决策的类型

（一）个人决策与集体决策

按决策的主体来划分，决策可分为个人决策和集体决策。

个人决策是决策者为满足个人的目的或动机而以个人身份作出的决策。决策者主

---

[1] 孙科炎：《聪明的决策者：管理决策究竟是怎么一回事》，北京：中国电力出版社，2014年。

要根据个人的经验、能力和阅历等作出决策。如个人的消费选择、职业选择等都是个人决策。个人决策的优点是决策速度快，责任明确；缺点是容易因循守旧，局限性大。

集体决策是指两个或两个以上的个体组成的决策集体所作出的决策，如国家的政策制定、基层单位的领导干部变动等。集体决策的优点是容易充分发挥大众的智慧，可以集思广益；缺点是效率比较低，容易产生推诿责任、从众随大流等情况。一个人的智慧是有限的，即使你有聪明才智，也比不上大家的智慧。集思广益，群策群力，有利于更好地做出决策。一个决策者，如果不依靠大家的力量，那么就很难有所作为。因此，只有万众一心、群策群力，才能把事情做得比较周全。

 【经典案例】红军的"集体决策"

当年红军北上抗日，要经过被国民党控制的天险腊子口，这个山头只有30米宽，过后才可到甘肃的开阔地带。这时红军左侧有卓尼杨土司的上万骑兵，右侧有胡宗南主力，如不能很快突破腊子口，就会面临被敌人三面合围的危险，情势危急，必须快速夺取腊子口。

面对易守难攻的天险，加上敌人的优势兵力和装备，红军顿时陷入了困境。这时，政委杨成武突然想出一个好主意——何不听听战士们对形势有什么看法呢？于是，杨成武就走到战士们中间，和战士们一同席地而坐，开起了"战前诸葛亮"会。杨成武鼓励战士积极发言，大家共同探讨破敌良策。战士们一听来了劲，纷纷积极发言，向杨成武提出了各种作战建议。经研究，最后采用了正面强攻与攀登悬崖峭壁迂回包剿的方案。后来，经过两天的浴血战斗，红军终于拿下腊子口，甩掉敌人追击，顺利到达陕北。[1]

（二）战略决策与战术决策

按决策的重要程度分类，决策可分为战略决策和战术决策。

战略决策又称宏观决策，关系全局。例如，一家企业的经营方向、产品开发战略、企业投资、组织机构等。战略决策带有全局性、长远性、方向性特点，一般实施时间

---

[1] 方明：《如何做决定》，北京：金城出版社，2010年。

也较长，决策结果影响到组织的各个方面。此类决策通常由组织的高层领导作出。

【经典案例】三峡水库的决策：40 年的"马拉松长跑"

1956 年 6 月，毛泽东同志发表词作《水调歌头·游泳》，写道："更立西江石壁，截断巫山云雨，高峡出平湖。神女应无恙，当惊世界殊。"用浪漫的方式提出要建设三峡水库。长江水利委员会主任林一山发表了两万字论文，正式提出并首次论证可以搞也应该搞三峡水库。然而，长江是世界第三大河，涉及许多重大科学技术问题。从 1958 年 1 月开始，在毛泽东的亲自关注和发起之下，全国就是否建设三峡水库展开了长达近 40 年的探讨研究和科学论证。

当时，全社会正搞"大跃进"，盛行"浮夸风"，几乎不尊重科学，也不愿意按客观规律办事。但是，毛泽东充分注意听取业内专家意见，根据科学数据来分析判断上马该项目的利弊得失。在后来的无数论证活动中，历届领导都高度注意从科学原则出发，用科学数据说话，不断进行科学论证。20 世纪 80 年代，国家要求水利部以及 400 多名专家对此进行专门的讨论和论证，到 1989 年重新做可行性研究。到 1992 年，三峡水库建设的论证结果已达到非常成熟、完备和可信可靠的程度，证明了这个项目上马不仅可行，而且正确。所以，全国人民代表大会就表决通过了这个项目。

2010 年 12 月底，中国工程院三峡工程阶段性评估项目组完成了对三峡水库原论证报告的科学评估，认定三峡工程生态环境问题及其影响基本上没有超出原论证报告的预测范围。以温度为例，增温的幅度不超过 0.1 至 0.3 度，这就是原论证报告中所预测的范围。经测量，虽然取水后的实测数据有所增加，但增加的幅度也没有超过这个范围。

三峡水库是一项伟大而复杂的工程，从工程论证到设计、施工，业界曾做过缜密的科学调查和讨论研究。例如，针对其中通航技术存在的大量问题就进行了严密的讨论，最终使这项问题得到了较好解决。三峡大坝建成后，工程综合效益正在充分发挥和显示出来，川江运量一直在快速增长。实践表明，当初在三峡工程建设时机的决策、三峡水库特征水位的选定、三峡通航建筑物规模和布置设计的优化、通航尺度标准及其保障措施的论证确定、施工期通航方案的认定与实践，以及三峡水库调度方案的优化等问题上所做的工作及其成果都是有效的和成功的。后来的大量事实证明，这个三峡工程决策是正确的，是利大于弊的。

在我国的所有工程里，没有一个项目是像三峡工程这样经过近40年酝酿、探讨、论证和可行性研究的。做出这个决策过程体现的精髓是，理性战胜了想象，明智战胜了盲动，严谨战胜了浪漫，科学战胜了"文学"。所以，三峡水库建设的决策是科学决策的伟大典范。[1]

战术决策又称微观决策，解决的是局部的、具体的问题。例如，打造"公园城市"可以看作是一项战略决策，那么关于"如何建设与管理"的问题就属于战术决策。战术决策带有局部性、短期性特点，实施时间相对较短。

（三）程序化决策与非程序化决策

按决策的重复程度来分，可以把决策分为程序化决策与非程序化决策。

程序化决策又称为常规型决策，是指决策的问题是经常出现的问题。这类决策问题目标明确，处理规则清楚，可以将决策过程标准化、程序化，形成惯例、模式。例如，基层单位新进人员如何确定岗位职责、职工迟到是否扣奖金，就属于程序化决策。

非程序化决策也称为非常规型决策，是指决策的问题不是经常出现的问题，通常没有固定的模式和成熟的经验。对于这类问题的决策，经验不足，没有先例可循，也缺乏准确可靠的统计数据和资料作支撑，在很大程度上依赖于决策者的知识、经验、判断力，甚至个人魄力和勇气。例如，基层单位是否开辟全新的服务项目，就属于非程序化决策。

（四）确定型决策、风险型决策与不确定型决策

按决策条件的可靠程度来分类，可以把决策分为确定型决策、风险型决策与不确定型决策。

所谓确定型决策，是指每种备选方案都只具有一种自然状态的决策。在这类决策

---

[1] 邱霈恩：《领导学》（第五版），北京：中国人民大学出版社，2021年。

中，每种方案未来的预期结果都是明确的，因此决策者只要比较各个结果的优劣，就可以选择出最优方案。例如，想要订购火车票从上海去北京，要求下午 5 点前到达，出发时间不早于上午 10 点，行驶时间越短越好。那么只要前往 12306 网站查询，先寻找符合起始时间的车次，再找出其中行驶时间最短的，即可作出决策。

所谓风险型决策，是指每种备选方案都存在两种以上自然状态，不能知道哪种自然状态会实际发生，但可以测算各种自然状态发生的概率的决策类型。在这类决策中，决策者可以测算每种预期结果出现的概率。例如，某报刊亭要确定每天订购《新民晚报》的数量，尽管每天该报纸的实际需求量事先无法预知，但可以根据历史销售数据知道各个需求量的出现概率，从而选择最合适的订购量。但是，尽管需求量概率已知，但究竟会出现哪个仍是随机的。因此从事后的角度来看，所作的选择不一定是实际取得最大收益的那个，也就是决策要冒一定的"风险"。

所谓不确定型决策，是指每种备选方案都存在两种以上自然状态，不能知道哪种自然状态会实际发生，且各种自然状态发生的概率也无法知道的决策类型。在这类决策中，决策者对各种预期结果出现的概率无法测算，只能以其他方式进行决策。例如，某单位在招聘时有甲、乙两个人选，甲学习能力强但专业不够对口、工作年限短；乙学习能力一般但专业对口、工作年限长。招聘人员认为，若甲能够勤奋努力，那么未来发展应比乙强；若甲安于现状、不思进取，则还是乙更好些。但是，甲的工作态度在今后究竟会如何呢？这个概率是无法预知的。因此，招聘人员只能凭经验、感觉和估计作出决策。[①]

三、决策心理与心理健康

一般来说，决策往往需要处理很多错综复杂的难题，需要面对难以预料的各种情况，这种不确定性对预期的决策目标无疑会构成一定的威胁。当然，这种威胁有可能是一种客观实在，也有可能是一种决策者的主观想象，但只要有威胁存在，决策者就会感受到心理上的压力。

基层工作者在工作中常常需要作出各种决策，然而决策环境和决策对象变化很大，不确定因素太多，因而决策难度很大。因此，基层工作者出现决策低效甚至决策失误

---

① 金玉兰、沈元蕊：《管理决策模型与方法》，北京：清华大学出版社，2019年。

是不可避免的。这样就有可能带来极为严重的后果。因此，基层工作者在决策时往往承担着巨大的心理压力。

　　一些巨大的心理压力常常表现为心理冲突。心理冲突是指心理的矛盾状态，即决策者在两个或者两个以上动机需要同时存在的情况下左右为难的心理状态。对于短时间的超负荷的心理压力，一般人往往能够承受得了，但只有少数人能够承受得住较长时间的超负荷心理压力。

　　从时间进程来看，决策心理压力常常表现为惊恐阶段、抗拒阶段和力竭阶段三个阶段。惊恐阶段是心理压力的第一个阶段，当决策者突然受到心理压力之时，其心理适应能力尚不能立刻发挥作用，此时他可能会产生焦虑、恐慌和抑郁的情绪。抗拒阶段是心理压力的第二个阶段，在该阶段决策者的心理适应能力逐渐发挥作用，决策者会采用某种措施缓解心理压力，心情会慢慢平静下来。力竭阶段是心理压力的第三个阶段，如果压力得不到有效的缓解，持续时间过久，适应能力就会消耗殆尽，人就会出现沮丧、无助乃至绝望的情绪。

第二节
基层工作者决策心理优化的常用方法

基层工作者如何进行科学的决策？如何提高决策的质量？我们可以分别从明确问题阶段、确定目标阶段、提出方案阶段、评价方案阶段、选择方案阶段、实施方案阶段和反馈修正阶段等不同阶段出发，实现科学决策。[①]

一、明确问题阶段

理性的决策过程开始于对问题的分析和判断，明确问题优先于对这个问题的解决。

所谓明确问题，就是确定问题所限定的范围和问题的核心所在。在进行决策之前，一定要明确决策的需求和目标，特别是决策最原始的需求。唯有找出决策最原始的需求，才能找到最清楚的决策方向，才可能得到最好的结果。

明确问题要对我们遇到的困难、不确定的问题调查、研究、分析、归纳，找到其中的主要矛盾和次要矛盾，理清导致问题出现的原因，把握问题的实质，使问题的症结清晰化、具体化。客观存在的问题只有在人们能够清楚地将其表达出来时，才构成决策问题。

二、确定目标阶段

决策的确定目标阶段需要考虑希望决策达到什么效果或者应该朝什么样的目标前进。目标的设定通常是为了消除现实的状态与希望达到的状态之间的差距。决策本身就像爬楼梯，需要从一个台阶爬到另一个台阶，只有一步步地、不断地设定和修正目标，

---

① 邱霈恩：《领导学》（第五版），北京：中国人民大学出版社，2021年。

才能不断地接近最终目标。

　　设定的目标，需要检查一下目标的设定是否完全符合 SMART 原则，要检验它们的合理性。那么，什么是 SMART 原则呢？ S 代表明确性（Specific），就是要用具体的语言清楚地说明要达成的行为标准。M 代表可度量（Measurable），是指目标应该是明确的，而不是模糊的；应该有一组明确的数据，作为衡量是否达成目标的依据；如果制定的目标没有办法衡量，就无法判断这个目标是否能实现。A 代表可实现（Attainable），指目标在付出努力的情况下可以实现，避免设立过高或过低的目标。R 代表相关性（Relevance），是指实现此目标与其他目标的关联情况。如果实现了这个目标，但与其他的目标完全不相关，或者相关度很低，那这个目标即使达到了，意义也不很大。T 代表有时限（Time Limit），是指目标是有时间限制的，目标需要在特定时间期限之内完成。

三、提出方案阶段

　　提出方案是在明确问题的基础上，根据决策目标的要求和所掌握的信息，提出各种设想，然后分类、筛选、集中、整理，形成不同的方案。提出的方案应具有实践性和可操作性，并且尽量用简单的方法解决复杂问题。要提出有创意的、新颖的方案往往是不容易的，需要决策者能够对问题进行全面的思考，具有广博的知识、敏锐的洞察力和创新的精神，并掌握一定的决策方法和技术。

　　这一过程就是要尽可能多地找出能够解决问题的各种方案。这些方案之间可能互补，也可能互斥，一般而言都会有各自的优缺点。有了足够多的方案，才有可能从中选择出理想的方案。

四、评价方案阶段

　　在拟订出备选方案后，下一步就是根据决策目标来评价各种方案的可行性，推测其预期效果，衡量它们对决策目标的满足程度，审视其可能产生的不良后果和潜在问题，研究各方案实施后会出现什么差错。

　　在一般情况下，找出各种备选方案之后，要对其进行比较。需要仔细地考查每一种方案可能导致的各种复杂后果，因为许多决策一旦作出，就可能产生无法预料的后果。如果事先对决策的后果预料不足的话，那么等到出现意料之外的状况时，我们就会手忙脚乱，决策的实施也会陷入混乱。

因此，需要我们从目标的角度出发，对各种备选方案一一考量，进行理性的分析，正确地拟定最佳策略。

五、选择方案阶段

选择方案是在多个备选方案中选择最优的方案。在多个方案中做出选择常常是一个复杂的系统工程，涉及许多因素。这些因素不仅包括经济因素，还包括方案本身以及方案外部的其他相关因素。可以采用适当的评价方法来对这些因素进行评价，评价时还要确定科学合理的指标体系。

在明确每一个决策方案所可能导致的全部复杂后果后，需要对各种方案进行比较，从中选择最佳方案。既然要进行比较，就要有一把"标尺"。因此，决策之前需要建立一套价值体系，指导自己对各种决策的利弊进行判断和评估。

我们在决策的时候，必须衡量自身能力，并依照价值体系作出决策。科学的价值判断体系必须符合三个基本准则：原则、法律和道德。除了这三点，每个人的价值体系都有其独特的构成因素。例如，有的人认为忠诚是非常重要的因素，处理事情时如果违反了忠诚的原则，即使有极大的获利，也会受到良心的谴责。

因此，人们需要建立一套完整的价值体系，用来评估各种决策可能的后果，以衡量各种方案的可行性。对各种方案进行比较和评价之后，就要选择最佳决策方案。在审慎地进行了前面的步骤后，决策者对自己的需求、目标、必须做的事、想做的事了然于胸了，就不难选出最佳的决策方案。

六、实施方案阶段

接下来就是具体实施解决问题的方案了。实施方案时要对目标要求、实施步骤、组织领导、经费保障和监督检查等各个环节都做出具体明确的安排和落实。对于复杂的实施方案，有必要采用项目管理技术来计划和控制方案的实施进度，确保方案能在规定的时间内，利用有限的资源保质保量地实施。

七、反馈修正阶段

在方案实施后，整个决策过程并没有结束，要根据决策实际执行的情况检验决策的正确性和有效性。决策是否正确，是否能够得到有效执行，需要根据执行情况进行跟进和追踪。如果决策者对执行过程毫不在意，没有根据条件的变化做出及时的修正，那么执行就会发生偏差，不能实现预期的目标。

要注意跟踪检查，密切注意决策实施过程中的情况和问题，把每个环节的实际效果同预期目标进行比较，一旦发现差异，就要及时反馈，查明原因，采取必要措施，进行有效控制和适当调整修正，保证决策目标的实现。这是改进和完善决策工作的重要手段。

【经典案例】获取真实信息促进民主决策

2013 年，包头市对内蒙古最大的棚户区东河区北梁棚户区进行改造。初版方案遭到 83.7% 的人反对。此后，花了 4 个月，动员全市 2617 名党员干部深入每间小屋调查研究，综合各户意见，进行了 30 多轮修改，最后形成新版方案。该方案一出台，就得到了 80% 的人的赞成。

从 83.7% 的反对到 80% 的支持的民意逆转，民主决策的成功，充分表明决策的务实、切实和深得民心。正因为这样，领导工作起来才会得到群众的拥护，计划才能顺利进行。所以，6 月 15 日，包头市大规模城市改造工程顺利开工，而且推进顺利。①

决策评价是对决策者履行决策职责的情况进行定期回顾与审查，其目的在于使决策者明确提高决策质量。决策评价的基本做法是列举所有决策，并同职责相比较，回答下列 5 个问题：（1）在这个时期内作了哪些决策？（2）所作决策中是否包括不该做的事项？这些事项包括：只有正确结论而不存在选择的技术性问题，不需要决策的"例行公事"，排除在自身职责之外的决策，被推迟了的决策。（3）用什么标准来指导决策？（4）所作决策是否产生了预期效果？（5）如果决策效果不理想，那么失误在什么地方？

---

① 邱霈恩：《领导学》（第五版），北京：中国人民大学出版社，2021 年。

第三节
基层工作者决策心理优化的典型案例

一、案例信息

《梦溪笔谈·权智》一书中记载了这样一个故事：宋真宗大中祥符年间，由于皇城意外失火，皇宫被焚毁，宋真宗命大臣丁谓主持重修皇宫。这是一个极为复杂的工程，不仅要设计施工、运输材料，还要清理废墟，任务十分艰巨。

如何高效率地完成皇宫的重建工程呢？这是摆在丁谓面前的一道难题。丁谓经过仔细思考，反复权衡，最后决定采用"一举而三役济"的方案重建皇宫。当时，丁谓首先在皇宫前畅通的大路取土，没过几天就顺便开建了沟渠。然后，利用开建沟渠取出来的泥土烧制成砖头，再把京城附近的汴河之水引入沟渠之中，使得船只能够运送各类建筑材料直达皇宫建设工地。等到皇宫重建工程完工以后，又将废弃的瓦砾、石块等建筑废弃物填入沟渠之中，使水渠复原成大街。这就很好地解决了取土烧砖、材料运输、清理废墟三个难题，使工程如期完成。

丁谓做了一件事情而完成了三个任务，省下的建设费用不计其数。这项工程建设的过程与现代系统管理思想极其吻合。丁谓主持的皇宫修建工程是一项体现中国古人高超智慧的管理实践。[①]

二、材料分析

在丁谓重修皇宫的案例中，他实现了"一举而三役济"。这里的"一举"，是指

---

① [北宋]沈括：《梦溪笔谈》，长春：吉林出版集团有限责任公司，2012年。

挖掘大街；"三役"，是指挖取泥土、运输建筑材料以及处理垃圾这三件事。"丁谓建宫"是中国历史上项目管理的经典，是有历史记载的最早的项目管理案例。

人们一方面感叹丁谓的高超智慧，另一方面也很希望从中获得启迪。从决策的角度来看，丁谓没有选择传统的工程建设思路，而是克服了思维惯性，把这个皇宫重建看成一个系统，把系统当中的各个要素进行了重新配置，根据实际情况重构了工程体系，并且最终取得了良好效果，"省费以亿万计"。

从心理学的角度来看，决策涉及人的心理的各个方面。概括起来，决策有四种思维形式、三项信念原则以及四个人格因素（见表 3-1）。[①]

表 3-1　决策的三个层面

	要点简述	内容精华	最终表现
思维层面	垂直思维 模糊思维 横向思维 直觉思维	聚合思维 确定思维 格式塔思维 模糊思维 不确定思维 权变思维 流动思维 经验思维 创新思维 发散思维	思想开放
信念层面	虑定心强 择善固执 行慎寡悔	深思熟虑 信心倍增 目标明确 信念坚定 该出手就出手 出了手就莫后悔	信念明确
人格层面	气质因素 性格因素 情绪因素 认知因素	自信自负 自卑自恋 偏激人格 狂妄人格 焦虑烦躁 认知误区	人格完善

可以说，决策非常复杂。从决策者的心理层面能够对决策进行深入的分析。从决策的环节上来看，决策的本质可以看作解决问题的思维过程。这是因为决策首先从明确问题开始，找到解决问题的正确方法和途径，从而使问题得以解决并获得满意的效果。当然，基层工作者在工作中进行的决策，往往面对的是复杂问题，解决问题的方法和途径常常在两种或两种以上，要求他们从中做出判断和选择。

---

① 岳晓东：《决策中的心理学》，北京：机械工业出版社，2010年。

资源链接

1. 书籍《思考，快与慢》。决策领域必读书籍，是诺贝尔经济学奖得主丹尼尔·卡尼曼和阿莫斯·特沃斯基关于前景理论的集大成之作。这本书深刻解析了人对于获得与损失的非理性决策，客观地解释了一些生活中常见的现象，如损失厌恶、平均值回归等问题。这本书从两个系统讲起，进一步探讨了启发法与偏见、过度自信与决策错误，引出选择与风险中的前景理论与框架效应，以及两个自我（经验自我和回忆自我）。

2. 网易公开课《决策的真相》。网址：https://open.163.com/newview/movie/free?pid=SFU7105F8&mid=HFU7105FI。本视频为 BBC 纪录片。每当我们做决定时，我们的直觉和逻辑就会展开一场斗争，而直觉的力量常常超乎我们想象。丹尼尔·卡恩曼教授希望帮助无法做到绝对理性的我们，构建一个与此适应的世界，让我们做出更好的决定。

04

第四章

基层工作者的管理心理

在基层工作中，管理工作是其中重要的一部分，管理能力也是基层工作者最为重要的能力之一。从心理学的视角来看，基层工作者的管理工作与他们的心理活动和心理特征密切相关。基层工作者如何做好管理工作？如何有效提升自身的管理能力？本章从管理心理的角度回答这些问题。

第一节
基层工作者的管理心理与心理健康

一、管理与管理心理

（一）基本概念

当今美国著名管理大师彼得·德鲁克曾说过："管理是任务，管理是纪律，但管理也是人。"可以说，管理是古往今来人类自我意识所孕育出的最绮丽的花朵。我们循着伟人走过的足迹、探索著名企业的成功奥秘时，会时时刻刻感受到管理的巨大魅力，为杰出管理能力所显示出的惊人力量所折服。

那么，什么是管理呢？从中文辞源分析，管理二字在古代是分而言之的。"管"字原意为钥匙，《周礼》有"司门掌授管键，以启闭国门"的记载，《左传·僖公三十二年》亦载，"郑人使我掌其北门之管"，后来其义延伸为对于人、财、物的制约与执掌。"理"字原意为治玉，《韩非子·和氏》曰："王乃使玉人理其璞。"《说文》解释曰："治玉治民为理。"后来其义引申为整治、治平等。在古汉语中，管理是根据事物原有的规律进行治理、整治的活动。

管理心理探究管理中人性的一面，并非管理的全部内容。在管理科学中，一般把管理定义为"对资源进行计划、组织、领导和控制以快速有效地达到组织目标的过程"，其中的资源包括人、机器、原材料、信息、技术、资本等资产。而管理心理所说的管理，主要是指对人力资源的管理。

北京大学王垒教授把管理定义为：让别人同自己一起工作并通过别人来达到组织目标的过程。[①] 管理的实质就是使别人为组织目标而工作。在这个定义中，可以看到

---

① 王垒：《组织管理心理学》，北京：北京大学出版社，2020年。

管理有多层含义：首先，管理必然是群体活动，至少有两个人才谈得上管理。管理是一对矛盾，包含管理者与被管理者两个方面，双方是对立统一地存在于管理活动中的。其次，管理是有目标的，管理的目标就是组织目标。没有目标的管理是盲目的、没有意义的，也是不会有效果的。最后，管理要使别人和管理者"一起"从事活动。这说明管理者与被管理是一种协作关系，而不是权威与服从关系，这是现代管理思想的体现。此外，管理活动也离不开组织，任何管理活动都是在组织中进行的；而组织也需要管理，没有管理，组织就难以生存和发展。组织是管理的对象，管理是组织生存的手段。

总之，管理是一个复杂的过程，包括组织的计划、组织、指挥、协调与控制等过程，而管理的对象也包含多种，如人、机器、原材料、产品、信息、技术、资本等，但人是最重要的管理对象。

（二）人性假设

1. "经济人"假设与 X 理论

"经济人"又称"实利人"或"唯利人"。这一假设始于亚当·斯密，他认为人的行为动机根源于经济诱因，人都要争取最大的经济利益，工作就是为了取得经济报酬。

麦克雷戈所归纳的 X 理论，曾对"经济人"的假设作过概括，其基本观点是：多数人天生是懒惰的，尽量逃避工作，不愿承担责任，心甘情愿听人指导，所追求的个人目标与组织目标总是相矛盾的，必须用强制办法，才能迫使其为组织目标去工作。他们工作都是为了满足其生理与安全需要，因此只有用金钱和地位才能刺激他们努力工作。人分为两类，多数人如上所述，只有少数人能自我控制，担当管理责任。

2. "社会人"假设与人际关系理论

"社会人"又译为"社交人"。这一假设来自霍桑实验的结果，是由心理学家梅奥提出的。霍桑实验在一系列重大问题上否定了传统管理，因而否定了"经济人"假设。这一假设的最基本观点是：驱使人们工作的最大动力是社会、心理需要，不是经济需要，人们努力追求的是保持良好的人际关系。由此，梅奥提出了他的人际关系理论。

人际关系理论揭示了人们的社会、心理需求以及对良好人际关系环境的追求，并且说明它对生产的影响。"社会人"假设不仅是正确的，而且比"经济人"假设确实有进步。但是，这种揭示没有也不可能去触动资本主义企业中最基本的人际关系，即资本主义的生产关系。

3. "自我实现的人"假设与 Y 理论

"自我实现的人"是心理学家马斯洛提出的假设。在他所提出的需要层次理论中，自我实现是最高层次的需要。所谓自我实现，是指人都需要发挥自己的潜力，表现自己的才能，只有这样人才会感到满足。

与马斯洛具有相似观点的是组织心理学教授阿基里斯（C. Argyris）提出的不成熟到成熟的理论。他认为一个健康的人从不成熟到成熟是一个自然发展的过程。阿基里斯的观点与马斯洛的观点的相似之处在于，人的成熟过程就是自我实现需求的发展过程，人之所以不能完全成熟，不能充分自我实现，是因为受到环境条件的限制。

麦克雷戈在归纳上述观点后，提出了管理的 Y 理论，其基本内容是：一般人本性都是勤奋的，人们能够进行自我指导与控制，因而强制与惩罚并不是实现组织目标的唯一办法。在正常情况下，人们不仅愿承担责任，而且会主动寻求责任，人群中蕴藏着想象力、智谋及解决组织中的问题的创造性。在现代工业条件下，一般人的潜力只利用了一部分。

可见，Y 理论与 X 理论是完全对立的，麦克雷戈归纳提出的这两种管理理论，他本人倾向于否定 X 理论，赞成 Y 理论。在 Y 理论中，实际上也是对"自我实现的人"的假设进行概括。"自我实现的人"的理论在理论与实践上都有正确的、积极的一方面，但同时与前几种理论一样，也存在局限性、片面性。

（三）"复杂人"假设与超 Y 理论（权变理论）

超 Y 理论是摩斯和洛斯奇两位学者通过实验提出的理论。他们分别在两个工厂和两个研究所进行试验，其中在一个工厂和一个研究所用 X 理论进行实验，在另一个工厂和研究所则用 Y 理论进行实验。结果表明，X 理论在工厂中有效而在研究所无效，Y 理论则相反。由此他们提出 X 理论与 Y 理论是共存的、互相补充的，提出超 Y 理论对人性的认识是全面的。

雪恩所归纳的第四种人性假设是"复杂人"假设，实际上代表了雪恩的观点。该假设不仅包含超 Y 理论，而且进一步发展了它。超 Y 理论对人性的认识因人而异，因为人和人不同；"复杂人"假设则认为一个人在不同年龄阶段、不同时间和地点会有不同的表现，所以还应因时、因地而异。

权变理论涉及人性认识的要点是：第一，人的需要多种多样，需要层次因人而异，也随人的发展和环境条件变化而变化。第二，人在同一时间内会有多种需要和动机，这些需要和动机相互结合，形成复杂的动机模式。第三，人在某一时期的动机模式，是其内部需要与外部环境相互作用的结果。第四，一个人在不同单位或不同部门工作，会产生不同需要，也会出现不同的需要满足情况。第五，人对于不同管理方式会作出不同反应，它们之间存在某种"心理契约"。

二、领导心理

（一）基本含义

研究者们对领导的含义有不同的理解。孔茨（Koontz）认为，领导是一门促使其下属充满信心、满怀热情来完成任务的艺术。泰瑞（G.R. Terry）认为，领导是影响人们自动为达成群体目标而努力的一种行为。布朗卡特（Blanchard）认为，领导是一项程序，使人得以在选择目标及达成目标上接受指挥、引导和影响。而坦宁鲍姆（R. Tannenbaum）把领导界定为：在某种情况下，经意见交流的过程所实施出来的一种为了达到某个目标的影响力。

斯脱格狄尔（R. M. Stoqdill）在对三千份文献研究后得出领导的定义：是群体过程的核心，是人物特征的效果，是一种统治技术，是社会影响的过程，是一种行为甚至是行动，是一种说服方式，是达成目标的手段，是对人相互作用的过程，是在群体中的一种地位或角色。

总之，领导只产生于一定的组织，又服务于一定的组织；领导是一种统御和指引他人的行为过程；领导是从管理中分化出来的高层次组织管理活动；领导是影响群体的活动使之实现目标的过程；领导是两个人或者更多人之间的一种关系，在这种关系中，影响力和权力不是均等分配的；领导的本质是人际影响，即改变其他群体成员的态度或行为。

（二）领导与管理的区别

人们习惯把领导和管理当作同义词来使用，似乎领导者就是管理者。但实际上领导和管理是两个区别较大的概念。领导侧重大政方针的决策，面向全局，面向未来；而管理则偏重执行决策，组织力量达成组织目标，侧重追求当前某项工作的落实。虽然在通过一定的方式方法率领下属达成组织目标的过程中，领导与管理有一致之处，具有管理的一般特性，即从广义上说，领导与管理是等同的，但在具体的工作过程中，两者是有明显区别的。

首先，在制订工作日程计划上，管理侧重计划与预算，建立实现预期结果的详细步骤和时间表，分配必要的资源，保证获得预期结果；领导则侧重确立远景，开发未来远景以及实现远景的战略。

其次，在工作日程计划、人员使用上，管理侧重组织人员配置，建立完成计划的结构，配备与结构相应的人员，制定政策与程序，指导员工开展工作；领导则侧重联合人员，运用各种方式与各个工作团队的成员沟通，使他们理解与认同愿景与战略。

再次，在执行计划上，管理侧重控制和解决问题，仔细监控工作结果，识别偏差，纠正偏差；领导则侧重激励和鼓舞，供给员工克服障碍的能量，满足他们的各种需要。

最后，在结果上，管理侧重产生可预测的结果，如按时提供顾客所需的产品；领导则侧重发现客观发生的各种巨大变化，如顾客所需新产品、员工所需的劳资新关系等。

总之，领导的责任是形成观念和愿景，并以自身的行为来影响他人接受这些观念和愿景，以及在人力和其他资源上做出艰难决策。而管理则是诸如规划、组织、控制和决策之类活动的总称。在这些管理活动中，由领导者对员工进行激励，由管理者协调各项管理职能，使管理目标得以实现。

（三）领导者的管理素质

管理素质是领导者业务工作的关键。现代领导者是通专合一、软硬合一的"T"型人才，但本质上还是通才，专才只是其立足的一个支点。领导者的管理业务素质高，才能真正成为群众的主心骨和领头雁；组织管理人员素质低，就会被认为是无能、不称职，会给工作造成直接损失。领导者的管理素质主要表现在以下几个方面：

第一，高瞻远瞩、描绘远景。一个领导者要实现其领导的使命，就必须站得高、看得远，有全球视野，有历史眼光，洞察国内外政治、经济、科技等发展趋势；规划未来、描绘远景，确立自己和组织的发展方向和使命，为组织及员工树起一面前进的鲜明旗帜，感召和凝聚他们为共同的远景目标而同舟共济、努力奋斗。

第二，科学决策、制定战略。有了远景，还要对实现远景的路径、步骤、目标、重点、资源等作出选择。这就需要根据组织的实际情况和环境的变化，拟订多种方案，作出科学决策，制定战略。

第三，统筹组织、用人授权。领导者必须调动一切力量和资源，设计组织结构、设置工作岗位、选用合适人员、明确职责职权、分配各种资源、建立运行规章，其中关键是用人授权的能力，因为人是一切事业成败的关键。

第四，沟通协调、善于激励。在组织内部，组织成员包括上级、同级和下级，是由不同专业、不同个性的人组成的，他们不可避免地有自己的想法，有自己的个人目标。这些个人想法或目标，未必都与组织的目标一致，可能存在不同程度的冲突，这就需要进行有效的沟通，力求使组织成员的个人目标与组织目标统一起来，协调好方方面面的利益。在组织外部，领导者也需要与有关部门，如客户、媒体、社区、政府进行沟通和协调，争取各方面的支持。沟通贯穿于管理的各种活动之中，是十分重要的能力。

第五，有效交往、建立团队。领导者可以说绝大多数时间都在跟组织内外的各种人打交道。特别是和组织内部的上级、同级和下级打交道。能否有效地同他们交往，建立一支精诚团结、同心同德的团队，十分重要。特别是领导班子的团队建设，完全靠命令来维持正式工作关系是不够的，还需要靠人际交往的艺术，结成有多种感情的团队。否则，有可能导致内讧或各自为政，以致耗散力量，事倍功半。

第六，勇于变革、创新发展。当今时代，科技飞速发展，市场变化多端，消费需求扩大，这些都促使一个组织要不断地根据环境的变化进行变革。此外，一般组织都有一个从创业、发展、成熟到衰退的周期，为获得可持续的发展，领导者必须勇于变革、勇于创新，不断创业、不断发展，使企业焕发新的生机。[1]

（四）领导的影响力

领导者能否成功地实施领导，影响力是一个重要因素，否则难以完成组织或团体目标。影响力是指一个人与他人交往中，影响和改变他人的能力。在人际交往、团体与组织行为中，几乎所有的人都具有影响和改变他人心理和行为活动的能力。由于领导者身居要职，作用特殊，其影响和改变被领导者的心理和行为的能力更强。一个领导者是否具有强大而有效的影响力，取决于许多因素：职务、地位、资历、权力、品格、能力、知识、感情等。这些因素可以归纳为权力性影响力和非权力性影响力两类。[2]

1. 权力性影响力

---

① 朱永新：《管理心理学》（第2版），北京：高等教育出版社，2007年。
② 程正方：《管理心理学》，北京：开明出版社，2012年。

所谓权力性影响力，也叫作强制性影响力，这种影响力是由社会的正式组织与团体赋予个人的职务、地位、权力与资历等构成的。

一般来说，掌权者如局长、校长、行政长官等都有一定的强制性影响力，这些影响力包括惩罚权力、奖赏权力、规范权力、专家权力、法人代表权力等。有时，非正式团体的领导者也有这种影响力。在特殊情况下，非掌权者也有这种影响力。

强制性影响力的特点主要有：①对他人的影响带强迫性，不可抗拒，违抗要遭惩处；②以外部推动力的形式发生作用，对下属的激励作用有一定的限度；③被影响者的心理和行为是被动、服从的，缺乏自觉性、主动性、积极性；④领导者与被领导者之间，可能产生较大的心理距离。

2．非权力性影响力

非权力性影响力，也称为自然性影响力，这是由领导者自身的素质和行为造成的，而与领导者的权力没有必然联系的影响力。例如，领导者对下属的喜爱与赞赏、关心与体贴、支持与帮助、亲切与友好、尊重与信任、态度和蔼与谦逊等，领导者对工作与事业的抱负与信心、实干与热情、秉公与廉洁、公道与公正等，均属于非权力性影响力。即便是一个普通的人（非领导者），也有这种影响力。

非权力性影响力主要有如下特点：①这种影响力是自然性的，而非权力性的；②这种影响力不是单纯依靠外部动力，而是下属在心悦诚服的心理基础上，自觉地、自愿地接受影响的过程；③领导者与被领导者关系和谐、心理相容；④与权力性影响力相比较，有更强的、更持久的影响力。

三、管理与心理的关系

第一，以人为本的管理思想是管理心理的一个核心课题。尊重人的人格与价值、关心人的需要与生活、关爱人的生命、改善的人的生活与生存发展环境，已经成为我国各类组织与社会发展的共识与追求。人本管理的理念及其执行是与人的各种心理现象关系密切联系的。从本质上说，人本管理就是要根据人的个体与团体心理规律、思想规律，通过尊重人、关心人、激励人、改善人际关系等方法，充分发挥人的积极性、主动性和创造性，从而提高生产效率和管理效率，并促进个人健康稳定发展。

第二，管理的第一要素是人，必须重视人力资源的管理与开发，根据心理规律任用人才、激励人才，关心爱护与保护人才，开发与促进人才。

第三，"知心才能知人，知人才能善任"。管理活动应通过多接触、多了解、多理解、多沟通，真正做到知人、知面、知心，并充分调动起周围一切人的积极性，充分发挥人力资源的作用，努力实现组织目标，才是有效的管理。

第四，个体心理管理的模式包括关心与重视人、了解与认知人、理解与信任人、交流与沟通人、关怀与帮助人、协调与驾驭人、鼓舞与激励人的心理等，这些是个体管理中调动人的积极性、主动性和创造性最重要的课题。

第五，激发心理动力。需要是人的行为动机的基础，是人的行为积极性、主动性、创造性的根本动力。强化人本管理就要重视研究和满足员工的需要，采取不同方法，调动不同类型员工的工作积极性，真正做到人尽其才、才尽其力。

第六，发展健康的人格，提高自我管理水平。思想决定行为，行为决定习惯，习惯决定性格，性格决定命运。因此，无论是管理者还是被管理者，都必须做好自我管理的心理准备。从思想（认知）、感情、行为与习惯入手，培养良好的人格与性格品质，提高自我管理的心理水平。

第二节
基层工作者管理心理应用的常用方法

一、有效激励下属

每一个下属的需要是不同的，即使是同一个下属，在不同的人生阶段或者在不同的场合其需要也是发生变化的。因此，领导者对下属的激励方法也应该视情况而定。[1]

（一）事业激励

让下属把个人事业的发展与单位的前途命运紧密地联系在一起，可以充分调动下属的内在潜力。如果单位的事业发展了，个人的事业就能得到发展。如果一个人为事业而工作，那么他就不会对工资报酬过分敏感，而会全身心地投入工作。

（二）目标激励

目标激励是指确定适当的目标，诱发人的动机，以调动人的积极性。目标激励的作用通常表现在两个方面。

第一，经过努力目标实现的可能性越大，人们就越感到有信心，激励作用也就越强。因此在管理的过程中，要不断地为下属设立可以看得到的、在短时间内经过努力可以达到的目标。如果目标定得太远，下属会有一种虚无缥缈的感觉。

第二，目标效价即目标实现后满足个人需要的价值越大，社会意义越大，就越能鼓舞人心，激励的作用就越强。人们受到富有挑战性目标的刺激时，就会迸发出极大的工作热情，特别是事业心很强的人，更愿意接受挑战。目标提出来以后，领导者要协助下属制定详细的实施步骤，在随后的工作中引导和帮助他们努力实现目标。

---

[1] 朱永新：《管理心理学》（第2版），北京：高等教育出版社，2007年。

（三）培训和发展机会激励

当今世界日趋信息化、数字化、网络化。一方面，知识更新速度不断加快，相应地，知识老化的速度也日益加快；另一方面，新的知识领域又在不断地涌现。因此，当今社会的学习是终身学习，当今社会的教育是终身教育。

下属虽然在实践中不断丰富和积累知识，但仍然需要进行专业技能学习、短期培训、进修深造。这可以充实他们的知识，培养他们的能力，给他们提供进一步发展的机会，提高他们在现代社会中的适应能力和竞争能力，满足他们自我实现的需要。

（四）强化激励

所谓强化激励，是指对人们的某种行为给予肯定和奖励，或者撤销个体所厌恶、回避的刺激，使期望的行为得到巩固和加强，或者对某种行为给予否定和惩罚，使不期望的行为减弱的过程。

肯定性的激励方法主要是表扬和奖励。奖励又可以分为物质奖励和精神奖励。在实践中，要掌握适宜的奖励时机。适宜奖励的时机很多，根据奖励时间的快慢差异，可以分为及时奖励和延时奖励；根据奖励时间间隔的有无规律，可以分为规则奖励和不规则奖励。否定性的激励方法主要是批评和惩罚。

为了达到良好的效果，批评和惩罚应该讲究艺术。在批评下属时，应先找出他们的长处并给予肯定，然后提出批评，在严肃友好的气氛中结束批评。这种批评方式较符合人的心理活动的需求，既保全了下属的面子，又有利于培养下属改正错误或缺点的自信心理。惩罚的方式有降级、罚款、降薪、淘汰等。

在下属激励中，正面激励的效果远大于负面激励。因此，要注意以表扬和奖励为主、以批评和惩罚为辅。

（五）情感激励

所谓情感激励，就是通过建立良好的情感关系，激发下属的士气，从而达到提高工作效率的目的。常见的情感激励方式有"让下属坐头排"制度，生日祝贺礼（领导亲自祝贺、送生日蛋糕、送生日卡等），下属生病时前去看望，下属有困难帮助解决并开展送温暖活动等。

情感激励的运用要求领导者做到以下三点：一是善于体察人心，及时感受到下属的思想和情感变化，并根据这些变化采取相应的措施；二是善于根据人的不同特点，选择不同的情感交流方式；三是要真诚，要真正关心、尊重和信任下属，不搞形式主义。

【经典案例】情感激励：拿破仑的故事

　　拿破仑非常善于运用感情激励官兵士气。在征服意大利的一次战斗中，拿破仑夜间巡岗查哨，发现一名哨兵斜倚着树根睡着了。

　　他没有喊醒哨兵，却拿起枪替他站岗约半小时，哨兵从沉睡中惊醒，认出了正在替他放哨的司令官，十分惶恐和绝望，跪倒在他面前。

　　拿破仑却和蔼地说："朋友，这是你的枪。你们艰苦作战，又走了那么长的路，你打瞌睡是可以谅解的。但是目前，一时的疏忽就可能断送全军。我正好不困，就替你站了一会儿，下次可要小心。"[①]

（六）荣誉激励

荣誉是众人或组织对个体或群体的崇高评价，是满足人们自尊需要、激发人们奋力进取的重要手段。对于一些工作表现比较突出、具有代表性的先进职员，可以采取评比先进、颁发奖状、大会表扬等形式激励。荣誉激励成本低，但效果很好。

有些单位在荣誉激励上，存在评奖过滥过多等不正确现象。如评优中的"轮庄法""抓阄法""以官论级法""以钱划档法"以及"老同志优先、体弱病残者优先"等"优先法"，使荣誉的"含金量"大大降低，这些做法必须予以纠正。

（七）责任激励

所谓责任激励，就是让每个人认识并担负起应负的责任，激发其为所承担的任务而献身的精神，满足其成就感。责任激励可以采用不同的形式，如职务的委任、工作任务的委托等。

大部分人都愿意承担一定的责任。一个人如果能接到上级交给的、与自己能力相当或略大于自己能力的任务（责任），就会感到上级对自己的重视或重用，从而感受

---

① 商磊：《管理心理学：实战管理中的心理战术》，北京：中国法制出版社，2013年。

到自己的价值，努力去完成这个任务。领导者的责任就是要帮助下属重视并担负起各自的责任。

二、合理授权

（一）授权的含义与意义

心理学的研究发现，一个领导者在培养别人权力的同时，他自己的权力也变得更强大。换言之，越是拥有权力的人越有更多的自主性授权给别人。授权不仅是为了实现所谓的权力共享，更多的是一个放手的过程。在许多情况下，管理者必须授权给他的下属，因为他不可能懂得每一种数据系统和每一项决策。授权的同时，领导者必须使下属对授权的工作负责。

授权就是将权力与责任授予下属，使下属在一定的监督下，有相当的行为自主权。

有效的授权可以使一个领导人能够摆脱具体事务，从而使他能完成一个重要的管理职能——通过别人来完成工作，发现需要改进之处，培养下属。下属的成长和发展在很大程度上取决于他们是否有机会承担需要更大技巧和能力的工作任务。[1]

因此，有效授权的双重意义为：一方面，它使领导摆脱其他事务而从事有助于他自己成长和发展的更重要的工作；另一方面，它是促进下属成长和发展的一种必要措施。授权者与被授权者的关系应该明确为：授权者对被授权者有指挥、监督权；被授权者负有汇报情况及完成任务之责。

此外，还要区别在下述情况下并不是授权。例如，担任秘书与助理之职是不承担责任的，因而在这种情况下并不是授权。临时代理职务也不算授权。授权与职务分工也不是一回事，因为前者有隶属关系，而后者并无这种关系。

（二）授权的步骤

授权主要有四个步骤：

第一步，得到了下属已经理解和接受所授权的反馈信息。领导有责任肯定接受授权的人已经正确地理解被授予的任务，确切地知道期望于他的成果是什么、在什么时候完成。在任何情况下，都要让接受授权、指示或信息的人把他对授予任务的解释，以及他达到领导所期望的结果、所应承担的责任量以恰当的形式复述一下。

---

① 王明姬、姚兵：《管理心理学：做个会读"心"的管理者》，北京：北京师范大学出版社，2020年。

　　第二步，采用目标定式。在详细讨论授予任务的细节之前，以明确的语言阐明所要达到的最终成果，那么这项授权常常要有效得多。从心理学的角度来看，这就是有无目标定式的问题。

　　第三步，放手让下属自己去工作。当下属已经承担了取得成果的责任，知道了时间进度、工作进展报告的要点、所期望绩效的标准等，领导就应该尽可能地放手让下属去工作。

　　第四步，跟踪检查。在下属理解并承担了取得成果的责任，接下去取得预期绩效的关键便是持续不断地跟踪检查。领导始终有必要进行定期的跟踪检查，以便确定工作的进展是否同已定时间和标准相符合，有无必要对工作作某些改变，要采取什么样的肯定或纠正措施。

第三节
基层干部管理心理应用的典型案例

一、案例资料

《孙子兵法》中有丰富的激发士兵斗志的思想，并且一直影响中外战争史上许多著名战役中将帅的战绩。孙武主张物质刺激的激励效果。物质需要是人生存的第一需要，物质奖赏是激励的现实手段。所以孙武说："取敌之利者，货也。故车战，得车十乘已上，赏其先得者。"意思是获取敌人战利品，就可赏予物，率先杀敌；取得敌人战车的，则可以赏其先得者，目的就是为鼓励先勇者。通过物质激励就可以使士兵保持高昂的斗志和顽强的作战意志。

物质刺激固然重要，但精神激励才是孙武的根本法则，他用"爱兵如婴"这种类似儒家"仁爱"式的情感投入进行情感管理，赢得民众支持，鼓动民众信念，获得国民拥戴，如"视卒如婴儿，故可以与之赴深溪。视卒如爱子，故可与之俱死"，意思是指看待士兵要像对待自己的婴儿，这样，他们就可以与你共涉难险；看待士兵就像对待自己的爱子一样，他们就可与你共赴疆场。爱抚的结果既是给管理者自身树立权威，又可以取得让士卒与你"生死与共"的效果。因此，他坚信"上下同欲者胜"。可见，孙武这种"爱民"思想，正体现了战略性、全局性的精神激励，说明他深知社会结构的粘合剂是社会心理因素的道理。一些组织在管理中运用"感情投资"策略，正是借鉴了孙武的精神激励思想。[①]

二、案例分析

案例中虽然讲的是军队管理中可以从物质激励和精神激励两个方面来激起士兵的斗志，从而迸发出更强的战斗力，但在我们的实际工作中，都需要对工作者进行激励，以激发更强的工作动机，获得更好的工作绩效。

对于基层工作者来说，他们当然可以依靠自己的努力去完成工作任务，但更多的

---

① 梅光耀，潘红虹.《孙子兵法》领导心理学思想探讨[J].科学与管理，2006（6）.

时候需要团结、带领更多的人去创造更大的工作业绩。这就需要在工作中努力去激发他人的工作动机。

从管理的角度来看，激发下属的工作动机是管理者的重要工作之一。目前，领导学、管理心理学等学科对激励问题开展了大量的研究。除了物质激励和精神激励之外，还有很多其他的激励类型。基层工作者可以灵活运用这些激烈方法，除了事业激励、目标激励、培训和发展机会激励、强化激励、情感激励、荣誉激励与责任激励之外，还有赏识激励、关怀激励、晋升激励、授权激励和支持激励等多种激励方法。

基层工作者应该根据不同的任务、不同的对象以及不同的情况，选择适当的激励方法或激励手段，并灵活运用在工作中。唯有这样，才能取得理想的激励效果。

此外，在中国传统文化中，有大量类似的经典激励案例，基层工作者可以从中汲取有益的部分，并灵活运用到工作中去。

资源链接

1. 电影《硅谷传奇》。该影片是美国出品的传记片，由马汀·伯克执导，诺亚·怀尔、乔伊·斯洛尼克、安东尼·迈克尔·豪尔、约翰·迪·玛吉欧出演，于1999年6月20日在美国上映。影片改编自保罗·弗列柏格与米迦勒·史文所撰写的《硅谷之火》，讲述了四个充满远见的年轻人，在你来我往的斗智中，展开了一场改变整个世界的电脑大对决的故事。

2. 电影《猫鼠游戏》。该影片2002年上映，是梦工场电影公司出品、斯蒂文·斯皮尔伯格执导的犯罪电影，由莱昂纳多·迪卡普里奥、汤姆·汉克斯主演。该片根据小弗兰克·阿巴格诺的自传《有本事来抓我吧——一个诈骗犯令人惊异的真实故事》改编，讲述了FBI探员卡尔与擅长伪造文件的罪犯弗兰克之间进行一场场猫抓老鼠的较量故事。他是FBI史上年龄最小的通缉犯，更让人难以想象的是，他后来成为了FBI的安全顾问。

3. 网易公开课《管理心理学》。网址：https://open.163.com/newview/movie/free?pid=M7KVFC3MM&mid=M7M31EHH1。本课程视频共10集，由电子科技大学祝小宁教授主讲。 课程简介：管理者及其管理技能在组织管理活动中起决定性作用。管理者如何安人治心，使组织的每一位成员发挥能动性、创造性？本课程从管理之道、攻心之术与组织之策三方面讲解，分析了管理思维方式、动机、激励、态度、个性、团队、体制以及文化，以期帮助个人突破发展瓶颈，帮助组织提升管理效率。

05

基层工作者的时间管理

　　不少基层工作者承担了繁重的日常工作，只有学会有效管理自己的时间，才能很好地完成各项工作。从心理学的视角来看，基层工作者的时间管理是一项非常重要的技能。只有掌握了时间管理的有关方法，有效地做好时间管理，才能胜任工作。那么，基层工作者的时间管理有哪些特点？基层工作者如何才能做好时间管理？有哪些有效的时间管理方法？本章从时间管理的角度回答这些问题。

第一节
基层工作者的时间管理与心理健康

一、时间管理的含义

（一）何为时间管理

法国思想家伏尔泰曾出过一个意味深长的谜语："世界上哪样东西最长又是最短的、最快又是最慢的、最能分割又是最广大的、最不受重视又是最值得惋惜的？没有它，什么事情都做不成；它使一切渺小的东西归于消灭，使一切伟大的东西生命不绝。"

有一位名叫查第格的智者认为谜底就是时间。他说："最长的莫过于时间，因为它永远无穷无尽；最短的也莫过于时间，因为它使许多人的计划都来不及完成；对于在等待的人，时间最慢；对于在作乐的人，时间最快；它可以无穷无尽地扩展，也可以无限地分割；当时谁都不加重视，过后谁都表示惋惜；没有时间，什么事情都做不成；时间可以将一切不值得后世纪念的人和事从人们的心中抹去，时间能让所有不平凡的人和事永垂青史。"

时间到底是什么呢？对于不同的人，时间具有不同的意义。对于活着的人来说，时间是生命；对于做学问的人来说，时间是资源；对于商人来说，时间是金钱；对于无聊的人来说，时间是债务……对于绝大多数的人来说，时间就是财富，是人生最大的资本。

很多人都认识到时间是非常宝贵的。一些人曾经发出"一寸光阴一寸金，寸金难买寸光阴""时间就是金钱"的感叹。中国历史上也曾经有过头悬梁、锥刺股，以圆木为枕的珍惜时间、发奋努力的励志故事。鲁迅先生甚至这样说："时间就是性命。无端的空耗别人的时间，其实是无异于谋财害命的。"

既然时间如此宝贵，人们就需要对时间进行有效的管理。如今，人们探索了多种时间管理的方法，甚至开发出各种时间管理工具。

那么，什么是时间管理呢？关于时间管理的界定有很多，概言之，所谓时间管理，就是指围绕一定目标，通过事先的规划，运用一定的方法、技巧甚至工具，实现对时间灵活的、有效的运用，从而达到既定目标的过程。

（二）时间的特征

时间是客观存在的，从马克思主义的观点来看，时间是无限性和有限性的辩证统一。朱永新教授认为，时间具有不可储存性、公平均等性以及矢量一维性等特征。[①]

1. 不可储存性

时间是一种非常特殊的资源，是一种特殊存在，无论我们使用还是不使用，时间都在缓缓流逝。时间无法被收藏，只能被使用。总之，时间是无法被储存的，这是时间区别于其他资源的一个典型特征。

由于时间具有不可储存的特性，个体常常按轻重缓急合理分配利用自己的时间，强调做正确的事、正确地做事。同时，各类组织也高度重视时间的价值，将时间作为管理当中关键性的、前提性的资源，区别于其他管理要素，进行有效的管理。

2. 公平均等性

时间对于每个人来说都是一视同仁的，这是时间的公平均等性。时间的这一特性促使人们产生这样的认识：造成时间有效利用上的个体差异的原因，关键在于自我管理的好坏。因为时间对每个人都是平等的，但是能否有效利用时间，不同的人有不同的结果。

亚力克·麦肯齐发现，任何人都没有足够的时间，但是与之矛盾的是，每个人都拥有自己的全部时间。所以，问题不在于时间，而在于人们如何使用它。

每个人的一天都是 24 小时、1440 分钟、86400 秒。这对每个人来说都是公平的。但是，在正常上班的八个小时时间里，有的人高效有序地完成了大量的工作，而有的人却焦头烂额一事无成。

3. 矢量一维性

时间是有方向性的，因此它是一个矢量。时间只能按照过去、现在和未来这个方向发展，是不可逆转的，在宏观上具有无限性。因此，西方文化中有"时间之箭"的隐喻。

---

① 朱永新：《管理心理学》（第2版），北京：高等教育出版社，2007年。

时间的矢量一维性意味着时间一旦过去便再也没有办法让它回来，这也表明人类最大的自由不在于改变过去，而在于创造未来。

从时间的角度来看，个体在为了生存发展而努力的时候，必须立足现在。现在是过去和未来的联结点。对于过去，要予以尊重与关注，不能重蹈覆辙；对于未来，要有长远的预测与计划，甚至在必要时牺牲一定的现在。心理学研究表明，高水平延迟满足的个体，能够为未来一个更大的目标或奖赏而牺牲当前的愿望，从而变得更成熟、更有责任感，且具有较高的成就动机，在未来就会取得较大的成就。

二、基层工作者时间管理的意义

（一）时间管理的类型

从时间管理的角度进行分类，可以将基层工作者划分为四种不同类型："撞钟型"的基层工作者、"事务型"的基层工作者、"工作狂型"的基层工作者和"效益型"的基层工作者。

1. "撞钟型"的基层工作者

"撞钟型"的基层工作者在工作中的主要表现是：做一天和尚撞一天钟，工作被动、消极，得过且过，既没有效率也没有效能。

2. "事务型"的基层工作者

"事务型"的基层工作者在工作中的主要表现是：整天忙于各种事务、应酬，看上去忙个不停，但是常常是表面文章、形式主义，干工作没有目标也没有成果，工作虽然有效率，但是没有效能。

3. "工作狂型"的基层工作者

"工作狂型"的基层工作者在工作中的主要表现是：没日没夜地全身心投入工作，但是常常以牺牲家庭，或者牺牲自己的健康为代价；虽然工作有效率，也有效能，但是不能持久或不能实现价值的平衡，有明显的局限性和弊端。

4. "效益型"的基层工作者

"效益型"的基层工作者在工作中的主要表现是：做事高瞻远瞩、考虑长远，以长久贡献为使命，积极进取，正确地做正确的事，工作既有效率又有效能，而且能够实现可持续发展。

上述四种类型的基层工作者都或多或少存在于现实当中。不难看出，"撞钟型"的基层工作者、"事务型"的基层工作者和"工作狂型"的基层工作者都不利于国家与社会的发展，我们希望出现更多的"效益型"基层工作者。

（二）时间管理的价值

时间管理对每个人而言都非常重要，对于基层工作者来说更是如此。每一个人的生命是由分分秒秒的时间组成的，我们必须认识到生命的有限性，属于每个人的时间也是有限的。因此，时间是非常宝贵的，必须有效进行时间管理。

对于基层工作者而言，时间管理是其工作有效性的前提和基础。时间管理的好坏不仅影响基层工作者自身的工作绩效，而且还会直接或间接影响其他人的工作绩效，进而影响整个部门和单位的工作绩效。

基层工作者的工作任务本身具有多样性、复杂性和易变性等特点，并且他们工作的开展还会受到多种内部和外部因素的影响，这使得基层工作者科学高效地运用和管理时间显得特别重要。

三、有效时间管理与心理健康

从已有的心理学研究来看，个体的时间管理与其心理健康之间存在正相关关系。也就是说，一个人的时间管理水平越高，他的心理健康水平也就越高。其他研究还表明，个人的时间管理水平与焦虑、抑郁之间存在负相关关系，说明时间管理水平越高，个体的负性情绪越少。总之，个体对时间进行有效的管理，有助于心理健康。

为何时间管理与心理健康之间存在这样的关系呢？这可以从压力的角度进行解释。众所周知，个体感受到较高的压力，会对其心理健康产生消极影响。研究表明，个体承受过高的压力，不仅容易产生身体问题，而且会产生各种心理问题。而一个人如果不能很好地管理好自己的时间，那么他更容易产生较大的压力。

健康心理学还对一个与之相关的课题进行研究，那就是时间性压力源。所谓时间性压力源，是指一个人在知觉到的较短时间内完成大量的工作任务时给他带来的压力。一个人的工作时间过长，会导致他缺乏必要的可支配业余时间（也包括休息时间），这会给人带来更大的压力。此外，某些工作设定了紧张的时间限制，这对个人工作的能力和精力投入带来较高的挑战，也会给个体带来压力。

　　总之，一个人有效地进行时间管理，他所感受到的工作压力就会降低，从而维持其心理健康水平。因此，基层工作者要学会对自己的时间进行有效管理，维护自身的心理健康。

第二节
基层工作者有效时间管理的常用方法

时间如此珍贵，对时间的有效管理也就十分必要。目前对时间管理的理论研究已经有四代理论：第一代理论着重利用便条与备忘录，在忙碌中调配时间与精力；第二代理论强调行事历与日程表，反映出时间管理要有计划；第三代理论讲求优先顺序的观念，将有限的时间、精力加以分配，争取最高的效率；第四代理论以"人生规划"为核心内容，时间管理是为了确保人生规划顺利实施，这也是时间管理的根本目的。人们对时间管理探索出了多种方法。

一、时间管理四象限法

时间管理四象限法是由美国管理学家科维提出的一种方法。该方法把时间按事务的紧迫性和重要性两个维度分成ABCD四类，得到时间管理的优先矩阵（见图5-1）。如果按照重要程度的轴来标记横坐标，按照紧急程度的轴来标记纵坐标，可以构成ABCD四个象限。A

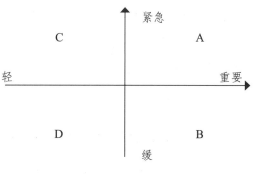

图5-1　时间管理四象限法示意图

象限是又重要又紧急的事情，B象限是重要但不紧急的事情，C象限是紧急但是不重要的事情，D象限是不重要也不紧急的事情。[①]

---

① 张娇飞：《时间管理：超好用的68个时间管理技巧》，北京：中国纺织出版社有限公司，2020年。

（一）A 类工作：又重要又紧急的事情

假设用一个统一的标准把所有的工作任务做明确清晰的划分，然后对 ABCD 四大类工作做一个排序，显而易见，首先应做 A 类工作，因为 A 类是又紧急又重要的，这类工作一般属于突发事件。当工作中出现了突发事件的时候，应该放下手头其他的工作，全身心地去解决，这种行为被形象地称为救火行动。

（二）B 类工作：重要但不紧急的事情

第二象限是重要但不紧急的事，主要是与个人的生活品质有关的事务，包括长期的规划、问题的发掘与预防、参加培训、向上级提出问题和处理的建议等。当重要又紧急的突发事件被处理之后，接下来是应该处理 C 类紧急但不重要的工作，还是 B 类重要但不紧急的工作？有人认为 C 类工作很紧急，应先期处理，也有人认为 B 类工作很重要，应先处理。

为了对 B 类工作和 C 类工作的完成时间进行分析，假设不做 C 类工作，会导致整个时间管理出现怎样的状况；而如果不做 B 类工作，又会导致整个时间管理出现怎样的状况。通过这两种状况的比较，就可以清晰地看到两种选择的差别。

B 类工作重要但不紧急，如果不做的话，B 类工作会随着时间的进一步推移，越来越紧急，直到突破一定的极限，变成 A 类工作。这容易使我们陷入更大的困境，在危机中疲于应付。所以，B 类重要而不紧急的工作一旦被拖延下去，就会变成突发事件。而多投入一些时间在这个领域有利于提高实践能力，缩小第一象限的范围。做好事先的规划、准备与预防措施，很多急事将无从产生。B 类工作不会对我们造成催促压力，所以必须主动去做。

（三）C 类工作：不重要但是很紧急的事情

第三象限是紧急但不重要的事情。C 类工作如果不断地被拖延，随着时间的不断推移，就会变得越来越紧急。当越过一定的极限以后，C 类工作就可能因为失去时机而消失，由此就会造成一定的损失，工作本身也可能会因此而消失。

在 B 类和 C 类工作之间可以做冲突性分析，如下午只有一段时间，只能做一件事，要么做 B 类工作，要么做 C 类工作，两者不可兼得。这时就应该扔掉 C 类工作，而保住 B 类工作，因为 B 类工作的价值更大，它的重要程度更高。

C 类工作由于其紧迫性容易让我们产生"这件事很重要"的错觉——实际上就算重要也是对别人而言的。电话、会议、突来访客都属于这一类。我们花很多时间在这个里面打转，自以为是在第一象限，其实不过是在满足别人的期望与标准。

（四）D 类工作：既不重要又不紧急的事情

第四象限属于不紧急也不重要的事情。D 类工作相对于 A 类、B 类、C 类工作，在重要性还是紧急性上都不及前三者。在日常的工作中，D 类工作简而言之就是浪费生命，所以根本不值得花时间在这个象限。

第四象限的工作倒不见得都是休闲活动，因为真正有创造意义的休闲活动是很有价值的。然而，像阅读令人上瘾的无聊小说、观看毫无内容的电视节目、在办公室聊天等，不但不会使个人更好地发展，反而会对身心产生消极影响。

二、六点优先工作法

在基层工作者时间有限、资源有限，而工作任务不讲条件必须完成的前提下，他们要想有效地利用时间，就必须对工作有所取舍，选取最重要、最有价值的工作执行。针对这种情况，美国管理学家艾维·李提出了"六点优先工作法"，这种时间管理法也叫"10 分钟 6 件事效率法"，还被译为"效率法""艾维·李效率法"。从完成工作的性价比来看，也可以称其为"效能法"。

艾维·李认为，工作者可以花费 5 分钟时间列出明天、下周甚至下个月要做的 6 件重要事情，再花费 5 分钟时间给这些事情按照重要程度排序，将最重要事件的编为"1 号"，次要事件编为"2 号"，依此类推，最后把这 6 件事写在纸上，剪成小纸条，工作时就按照事件次序——执行，保证每一时、每一分、每一秒都在做最重要、最有价值的工作。

六点优先工作法是一个比较简单的方法，其核心内容就是：整理出六件最重要的事情，并排列好顺序。只要完成这六件最重要的大事，一天的工作时间基本上就得到了充分的利用。在这个方法中，最重要的是及时找出六件重要的大事，并做好顺序上的安排，以便直接地了解和控制自己一整天的工作，不至于在完成一项工作后不知道接下来该干什么，从而浪费时间，抑或被其他事情干扰。

有人认为，这个方法就是专注于解决每天的工作安排，实际上，这种理解是错误的。六点优先工作法是可以延展的，我们可将其用到目标管理中：先确定自己的长期目标和中期目标，再将这些目标分解成年度目标、季度目标、月目标、周目标；最后，把一周的目标分解成每天要做的事，再确定每天最重要的六件事。依靠这种划分法，即可直观地把握目标，并且只要坚持做好每天的六件重要事项，一周的目标即可达成。接着，一层一层地往上推，中期目标和长期目标都能够达成。

当然，在使用六点优先工作法的时候，有几个要点是需要把握的：①把最有效的时间，用在最重要、最有价值的事情上。②对整个计划中要做的事情，分为紧急、重要、不重要、不紧急四类，最紧急、最重要的放前面，认真排序。③提高工作效率，确保当日完成六件重要事件，不可拖延。④明确标准格式，明确标准流程，每天的任务清单要按照标准格式来写。⑤每天要做的事情，简洁描述即可，节省时间。⑥完成一项任务后，可做出标记，并简单写下完成的原因。

专栏：六点优先工作法的应用实例

美国伯利恒钢铁公司总裁理查斯·舒瓦普在公司濒临破产之际，找到效率大师艾维·李寻求帮助。艾维·李花费了半小时的时间，听理查斯向他诉说公司的遭遇和处境。而后他说："我能提供一种有效的方法，保证你的公司在10分钟之内就提升50%的业绩。"理查斯根本不相信，他认为对方并没有理解公司目前的处境有多么糟糕。

艾维·李看出了理查斯的顾虑，他拿出一张白纸，让理查斯写出明天要做的事。他希望，理查斯可以每天把要做的事写出来，然后用"1、2、3、4、5、6"标出六件最重要的事。

理查斯·舒瓦普花费了5分钟的时间照做了。接着，艾维·李让理查斯对这六件事的重要性进行排序，弄清楚哪件事必须先做、哪件事可以后做。理查斯又花费了5分钟照做了，然后，艾维·李说："这张纸就是我要给你的。"他还嘱咐理查斯，明天工作一开始，就先全力以赴地做好标号为"1"的事情，直至完成，再竭尽全力去完成"2"号事情，依此类推。

艾维·李认为，通常情况下，如果一个人每天都能全力以赴地完成六件最重要的大事，他一定会成为一位高效能人士。事实证明，艾维·李是正确的。

理查斯·舒瓦普在接受了他的建议后，很快将这个方法付诸实践。结果，他的公司只用了五年的时间，就从一家濒临破产的小钢铁厂，一跃成为当时全美最大的私营钢铁企业，艾维·李也收到了 2.5 万美元的咨询费。为此，管理界将这个方法喻为"价值 2.5 万美元的时间管理法"。[1]

三、时间分解利用法

呼志强在他的著作《高效：图解简单易行的时间管理术》中，介绍了一种时间分解以及时间利用的方法。[2]

（一）分解时间

我们可以采用多种方法对时间进行分解，从而得到不同类型的时间。

1. 大块时间

每个人每天都要用一大部分的时间来完成当天的重要事情。一般而言，大块时间至少需要两个小时。当然，我们在工作中也可以分散地安排大块时间，这样安排时间会让人觉得身心愉快，并且会产生一种成就感。

2. 首要时间

一日之际在于晨。首要时间与大块时间接近，是指每天早晨的那段时间。有人把早晨的时间用来学习提升，有人把早晨的时间用来运动，有人把早晨的时间用来做一些重要的思考，因人而异。

3. 零碎时间

零碎时间看起来好像不太重要，但是这种时间如果能够积少成多、化零为整，把那些小块时间充分利用起来，以很少的时间来做一些小事，坚持下来，也可以产生非常可观的效果。因此，零碎时间也被称为时间的存储器。

4. 固定时间

如果觉得某项工作在某个时段内进行效果最好，把它固定下来，就称为固定时间。

---

① 米苏：《聪明人都在用的时间管理法》，北京：中国纺织出版社有限公司，2020年。
② 呼志强：《高效：图解简单易行的时间管理术》，北京：中国铁道出版社，2016年。

例如，有的人为了下午工作效率更高，需要进行午休，那么他午休的时间就是固定时间。

5．安静时间

读书也好，工作也好，是否能够专心有效，环境的因素是很关键的。例如，不少办公室都非常吵闹，工作经常受到干扰，这时可以由大家互相来约定，安排一段安静的时间。

6．弹性时间

每一项工作都需要时间，最好是留有弹性，即预估的时间应该稍微宽裕一些。可以在两三项工作之后，安排一个弹性时间，来弥补以前可能还没有做完的事情，或者留作被干扰以后的调节时间。弹性时间不能够太长，10分钟至20分钟是比较适当的。

7．交通时间

一般人对交通时间都是用两个字来形容：抱怨，特别是居住在大城市或都市里的人。所以要想工作有效率，就要学习如何去缩短或利用你的交通时间，如早点出门、晚点回家，选择走哪条路线，上下班路上你还可以思考一些问题，可以听听音乐、看看书，充实自己。时间是世界上最公平的资源，任何人每一天所度过的时间都完全相同。在相同的时间内每一个人都在选择自己想要做的事情，人和人选择的事情不同，人与人之间的职业成就和生活质量也有差异。

（二）利用时间

一寸光阴一寸金。时间如此宝贵，充分利用时间就是每一分每一秒都用得恰到好处。那么，怎么充分利用我们的时间呢？

1．以较小的时间单位做事情

一时节约的时间和精力或许不多，但长期积累，能够节省大量的时间。

2．多尝试在限定时间内完成任务

自己规定在什么时间之内必须完成工作任务，自觉努力去尝试，这样能够大大提高办事效率。

3．平常要充分利用时间，关键时刻要抢时间

时间不会重来，做错事了不可回到当初。所以，把握关键时刻，掌握好抢时间的技术，不至于后悔。

4．采用先进的工具和技术节约时间

采用这样的方式能够节约的时间可能不会太多，但长期积累则很多。例如，现在电脑发达了，找资料，我们可以上网查阅，这样既方便又快捷。当然，你也可以去图书馆查阅，不过此种方法会无端消耗大量的时间。

5. 把时间安排满满的，促使自己努力

如果觉得时常有空闲，那么可以考虑尽量充分利用时间，虽然一天勤奋不算什么，但不断积累，就能受益匪浅。

6. 优先办理重要的事情

如果把时间用在琐碎的事情上，时间的利用率就低。只有做有意义、有价值的事情，时间的利用率才会更高。

7. 通过合作节约时间

如果觉得一件事棘手，可以和其他同事一起解决。但是不要死缠烂打，这样反而会做一些无用功。

8. 尝试一心多用

吃饭时，可以看电视；散步锻炼身体时，可以练习外语听力。同样，在工作中我们也可以尝试一心多用，提高时间利用率。

9. 给自己找更多的事情做

如果你一天做一两件事情可以完成，一天做十件事情同样可以完成，那你为何不选择每天做十件事情呢？

10. 利用零碎时间

伟人和普通人的最大差别就是他们善于利用零碎时间，一时显现不出来，长期积累，就天壤之别了。例如，坐地铁、乘公共汽车时，你可以读一份报纸或构思一个文件，或者闭目养神让大脑得到休息。

四、其他时间管理方法

目前，人们发展出各种各样的时间管理方法和技术，我们可以找到适合自己的有效时间管理办法。

（一）帕累托法

19世纪意大利经济学家帕累托（Pareto）发现：80%的财富掌握在20%的人手中。从此这种80/20原理在许多情况下都能得到广泛应用，一般表述为：在一个特定的群体内，这个群体中一个较小的部分比相对的大部分拥有更多的价值。

　　在时间管理中，在优先顺序里，也有一个帕累托时间原则，也称 80/20 法则。假定工作项目是以某种价值序列排定的，那么 80% 的价值来自于 20% 的项目，而 20% 的价值则来自于 80% 的项目。帕累托时间管理法的重要意义在于，能经常以 20% 的付出取得 80% 的成果，最后的结果占了 80% 的大部分。因此，在我们的工作或生活中，应该把十分重要的项目挑选出来，专心致志地去完成，即把时间用在更有意义的事情上。

（二）"黄金时间"法

　　每个人都有两种黄金时间。一种是内部黄金时间，是指一个人精神最集中、工作最有效率的时候。内部黄金时间因人而异，可以通过观察来掌握自己的内部黄金时间，然后用这个时间段来处理最为重要的工作。

　　另一种是外部黄金时间。外部黄金时间是指一个人和其他人交往的最佳时间。这虽然意味着需要遵循他人的日程，但是我们可以利用这段时间充分发挥自己的优势。

（三）学会说"不"

　　有时候拒绝他人是保障自己行使时间管理优先次序的有效手段。勉强接受他们的请求而扰乱自己的安排，是不合理的。

　　在工作时间被打扰，常常不可避免。我们所要追求的就是将被打扰的时间缩短，将其负面影响减至最小。这里最主要的原则就是把握主动，主动拒绝或主动更改时间。一个人的时间有限，要脱离浪费时间的轮回，就要拿回你自己的时间主控权。不要害怕拒绝别人，要敢于说"不"。

（四）今日事今日毕

　　习惯拖延时间是很多人在时间管理中经常会落入的陷阱。"等会再做""明天再说"之类"明日复明日"的拖延循环会彻底打破一个人制订好的全盘工作计划，并且对自信心产生极大的动摇。

　　"今日事今日毕"体现的是一种强有力的执行力，这种执行力将有助于一个人按照自己设计好的轨道走向成功。

（五）日程安排留有余地

不要把日程安排得太满，要想办法留出一定的时间以应对各种意外情况的发生。意外情况随时都有可能发生且占用我们的时间。如果日程安排得太满，就会让我们疲于应付。因此，每天至少要为自己安排一定的空闲时间，让工作和生活更加从容。

总之，时间管理的意义不仅在于帮助我们达到工作上的目标，还将使我们最大程度地发挥自己的潜力，并在工作和个人生活之间保持平衡。想要实现我们的人生目标，不断实现自我超越，我们必须有效管理时间。

第三节
基层工作者有效时间管理的典型案例

一、案例资料

乡镇党委书记刘尚志——早上一睁眼，十几件事等着我

"我可不是因为你们来采访，才这么忙。每天一睁眼，真的就是十几件事等着我！"

"基层工作者忙，得辩证看。忙了才能有作为、有进步。但另一方面，从待遇、编制、心理和舆论上，的确该多关爱这个群体！"

说这话的，是辽宁省法库县孟家镇党委书记刘尚志。作为一个"老基层"，他已在孟家镇连续工作了 29 年，对基层工作者这个群体，他最熟悉不过了。1 月 16 日，记者跟随他一整天，感受一位乡镇党委书记的忙与责。

早上 7 点半，天刚亮没多久，记者自以为很早，可赶到刘尚志办公室时，他早已到了。他介绍，每天这样安排——早上提前两小时到办公室梳理工作，上午集中安排会议，下午集中走访村屯、企业，晚上回来有企业家约见的话，再拿出专门时间研讨项目建设发展。

8 点半，准时到达会议室，这里坐满了各方面的人员。企业租金催缴、机关纪律考勤制度承诺书、春节前安全生产拉网式排查、科技培训、招商引资项目建设、产业结构调整、2017 年基层工作者联绩取筹……风风火火，半个小时一下布置了 7 件事情。

孟家镇内有个绿色食品加工工业区，刘尚志兼任管委会主任。开春前这阵，正是招商引资最忙的时候。开完镇里的布置会，又开了个管委会的调度会。新建项目土地怎么规划更合理、原有项目土地租金续租有困难怎么办、项目谁来跟进怎么盯……十二三个项目被拿出来——研究分析，原本要开 1 个小时的调度会开了近两个小时。

"乡镇工作，除了一些决策的事情是在办公室完成的，70% 的时间都在村里、在

企业。"刘尚志介绍说，孟家镇共有 10 个行政村、26 个自然屯，各村各户都有特点，要因地制宜才能管好。

快到中午 12 点，临近饭点，刘尚志来到乡食堂，今日菜谱是豆角土豆、大酱蘸菜等土菜。"自己盛啊。"刘尚志招呼着记者和其他人。

"这样的节奏，你觉得辛苦吗？"记者跟他边吃边聊。

"辛苦不怕。最怕的有俩，一个是辛苦半天，没见成效，见不到发展成果，现在招商引资难度不小，必须人一之我十之；还有一个就是干了很多活，受了很多累，大家对基层工作者还不理解、不认同。"

"基层工作不好干。活多、人少、待遇低。人、财、物，没有真正做到向基层倾斜。"刘尚志说，"尽管县委、县政府很努力，但有些事情不是这一个层级能解决的。全市连续几年没有招公务员，缺编缺人严重。我们乡镇有 25 个行政编制，缺 7 个，有的乡镇缺 10 个。最年轻的人都 30 多岁了，年轻人不爱来，来了也留不住。"

中午稍微休息了会儿，下午又去调研协调。一进辽宁万利兴达农业科技有限公司，总经理张正阳就问："20 多亩地的规划电费是个大成本，要是能上光伏热电，我们不但能自产自销，余下的还能出售。"刘尚志耐心地给张正阳解释："基本农田得变为一般耕地才能上光伏项目，现在已经上报审批了，我们也再帮你盯一下这件事。"

刚起步时，这家以做有机蔬菜为主业的公司因为品种单一、产业基础弱，一度进入发展迷茫期。来自深圳的张正阳人生地不熟，几乎天天要跟刘尚志通电话，每次 1 个多小时。

"你烦过他吗？"记者插话问，引起一阵笑声。"哪能烦？"刘尚志笑着说。"我们要做的就是添彩不添乱，企业有事就跟我说，没事我赶紧走，别让企业费时间招待。"

紧接着，刘尚志又赶到山山伟业食品公司，跟厂长吕连营聊了聊村民种山楂的技术细节。之后，他抓紧时间来到老边村，这个村去年 12 月 27 日刚刚通上自来水，他要看看有没有什么问题要解决。没通水前，刘尚志就总往这儿跑，察看工程进度。"满意满意！自来水比井水干净多了，你看我那个锅之前烧井水都是水锈。"随机走进一户农户，66 岁的村民王法民热情地给刘尚志打了一瓢自来水，刘尚志直接喝了一口。

走出村，夕阳西斜，染红了整座村庄。刘尚志感慨："一天又过去了，每天就是这么跟打仗一样。"①

---

① 胡婧怡、何勇：《基层干部状况调查之二：他们每天忙些啥》，《人民日报》，2018-01-20（4 版）。

二、案例分析

在上面这篇新闻报道中，记者记录了基层工作者刘尚志的一天工作。他在这一天里忙得像打仗一样，在有限的时间里完成了大量的工作。在案例中，刘尚志很好地处理好了时间管理问题，游刃有余地处理繁杂的日常工作事务。

刘尚志有效地管理好时间，做好了工作。我们可以从他身上学到一些有益的东西。首先，端正心态，积极面对。虽然繁杂的工作事务超出了普通人的能力范围，但刘尚志用"忙了才能有作为"这样的心态去积极面对工作。其次，做事情区分轻重缓急。一方面，提前到办公室把当天的工作梳理清楚，做好规划，然后才能有条不紊地完成各项事务；另一方面，在不同的事务上面花的时间各不相同，刘尚志花 30 分钟安排 7件事情，却花近两个小时开一个计划 1 个小时的会议。这样的做法实际上是追求更高的工作效益。最后，合理安排，充分利用时间。刘尚志根据实际情况，上午安排开会，下午集中走访，把时间尽可能高效地利用起来。

从案例中可以看出刘尚志对工作的娴熟驾驭，当然其中的时间管理是干好工作的前提。这样的能力不是与生俱来的，需要基层工作者有意识地进行培养，也需要掌握一定的时间管理方法，这样才能更好地有效管理时间，提高工作效率。

专栏：时间管理测验

请据实选择一个最切合你的答案：

（1）为了避免对棘手的难题采取行动，我于是寻找理由和借口。

A 非常同意　　B 略表同意　　　C 略表不同意　　　D 极不同意

（2）为使困难的工作能被执行，对执行者下压力是必要的。

A 非常同意　　B 略表同意　　　C 略表不同意　　　D 极不同意

（3）我经常采取折中办法以避免或延缓不愉快的事是困难的工作。

A 非常同意　　B 略表同意　　C 略表不同意　　　D 极不同意

（4）我遭遇了太多足以妨碍完成重大任务的干扰与危机。

A 非常同意　　　B 略表同意　　　C 略表不同意　　　D 极不同意

（5）当被迫从事一项不愉快的决策时，我避免直截了当的答复。

A 非常同意　　　B 略表同意　　　C 略表不同意　　　D 极不同意

（6）我对重要的行动计划的追踪工作一般不予理会。

A 非常同意　　　B 略表同意　　　C 略表不同意　　　D 极不同意

（7）试图令他人为管理者执行不愉快的工作。

A 非常同意　　　B 略表同意　　　C 略表不同意　　　D 极不同意

（8）我经常将重要工作安排在下午处理，或者携回家里，以便在夜晚或周末处理它。

A 非常同意　　　B 略表同意　　　C 略表不同意　　　D 极不同意

（9）我在过分疲劳（或过分紧张、或过分泄气、或太受抑制）时，无法处理所面对的困难任务。

A 非常同意　　　B 略表同意　　　C 略表不同意　　　D 极不同意

（10）在着手处理一件艰难的任务之前，我喜欢清除桌上的每一个物件。

A 非常同意　　　B 略表同意　　　C 略表不同意　　　D 极不同意

评分标准：

每一个"非常同意"评4分，"略表同意"评3分，"略表不同意"评2分，"极不同意"评1分。总分小于20分，表示你时间管理良好，你也许偶尔有拖延的行为。总分在21至30分，表示你的时间管理存在一定的问题，虽然不太严重但是需要引起重视。总分多于30分，表示你的时间管理存在较为严重的拖延问题，需要加强对时间的有效管理。[①]

资源链接

1. 视频：《时间规划》。网址：https://www.bilibili.com/video/BV16J411v7Zv?spm_id_from=333.337. search-card.all.click。该视频从哲学的角度出发，通过巧妙的方式引发人们对时间规划、时间管理的反思。

[①]　许湘岳、吴强：《自我管理教程》，北京：人民出版社，2011年。

2. 纪录片《时间的奥秘》。网址：https://www.bilibili.com/bangumi/play/ep120408? spm_id_from=333.788. recommend_more_video.4。该纪录片通过一系列小故事，探索时间的奥秘。片中介绍了研究时间的物理学家，他们探索停止时间是否可以实现。该片还采访死亡时钟的发明者，揭示死亡时钟是如何计算出一个人的剩余寿命的。

3. 视频《如何运用时间管理，成倍地增加你的时间？》。网址：https://www.bilibili. com/video/BV1Lz411b7kY/? spm_id_from=333.788. recommend_more_video.12。该视频为 TED 演讲视频。演讲者认为，时间管理本质是人的自我管理。没有人能创造更多时间，但让你今天的时间花得"物有所值"，选择做一点对明天有用的事，为明天留出时间、创造时间，这样你的时间就增加了。

4. 书籍《华为时间管理法（第三版）》。本书作者为易生俊，由电子工业出版社于 2016 年出版。本书从员工工作效率低的问题出发，结合华为员工高效的工作方法和实践，介绍了华为员工在目标与计划管理、资源统筹、时间管理、执行管理、请示汇报过程、工作改善方法创新和自我优化中所使用的常用技巧。通过分析案例、口述经验、介绍技巧，对华为员工所常用的工作方法进行解读，全面总结了日常工作中常见的误区和行之有效的工作方法，从而全面提高工作效率。

06

基层工作者的印象管理

　　每个人都是社会中的一分子，会有大量的社会交往。一个人需要认识、了解自己，也需要在与他人交往的过程中，通过观察他人的行为来认识、理解他人；一个人会对他人形成印象，也会根据自己对他人的理解对他人作出判断。同时，很多人也需要管理自己留给他人的印象，以便更好地与他人互动和适应社会。基层工作者的很多工作都要与人打交道。基层工作者了解和运用印象管理的有关知识，一方面可以帮助他们更好地塑造他们在公众中的形象，另一方面能够帮助他们更客观地认识交往对象。

第一节
基层工作者的印象管理与心理健康

一、印象管理的含义

（一）印象与印象的形成

在心理学中，印象是人们根据自己已有的经验和当前的有限信息，对情境中的人或事物进行分析、归类、综合后形成的对人或物的概念。这是一种较为主观的信念或判断。有时，印象也指接触过的客观事物在人的头脑里留下的迹象。客观事物既包括物质世界的事物，也包含社会中涉及"人"的事物。而在现实生活中，人们更关心别人是怎么看自己的，或者他人给自己留下何种印象。因此，在心理学研究中，研究者们更关注此类人之间的印象。

在日常生活中，人们往往在极其有限信息的基础上形成对别人的总体印象。例如，初次见到一个人就很容易去猜测他的年龄、智力、性格特征、社会背景等。尽管人们很多时候能够意识到这种判断不一定可靠，但他们大多仍然会这么做。通过这种方式所形成的印象往往被称为第一印象。

印象的形成过程如下：第一，当人们相遇时彼此最先做的判断就是相互喜欢或者不喜欢，而对他人所作的好恶评价在很大程度上影响对这个人形成的总体印象。国外罗森伯格等人的研究发现，人们往往根据社会的和智慧的品质去评价他人，但最初人们在相当大的程度上仍然依据喜欢与不喜欢这一评价维度去作评价。

第二，个体接收到大量有关他人的信息之后，再对其进行处理，形成一种印象。例如，一个人接收到的是关于他人好的信息，就会对他产生好的印象；如果接收到的这个人的信息是自己不喜欢的，则会对其产生坏的印象。当然，印象不是一成不变的，往往会随着信息的增加发生一定的变化。例如，人们根据某个人的有关信息对他形成极好的印象后，就会对他抱有较高的期望，甚至认为这个人各方面表现都很出色。但是进一步了解才发现，这个人的另外一些品质并非特别出色，对他的总体评价就会略微降低。

第三，信息接收的先后顺序会对印象产生影响。人们在对他人产生印象的过程中，往往根据最先接收的某些信息形成印象，这种最先接收的信息对人产生印象具有强烈影响的现象称为首因效应。相反，在某些时候，人们最后所接收的信息也能左右其产生的印象，这种最后接收的信息对人们产生印象具有重要作用的现象称为近因效应。在社会生活中，第一印象很重要。因为人们对某人产生了某种第一印象，以后不仅难以改变，他们还会寻找更多的信息或理由去支持这种印象。尽管以后这个人所表现出的特征或行为并不符合原先的印象，人们仍然坚持，这就是信念的固着偏见。因此，很多人在与人交往时，非常重视自己给他人留下好的第一印象。[①]

（二）何为印象管理

在生活中，有些人出于某种目的善于装扮和掩饰自己，他们在别人面前的表现与其真实的人格和心理往往背道而驰。他们像演员一样有目的地控制别人对其产生某种印象。就多数人而说，由于交往的需要，人们也常常希望给别人留下一个好的印象。这些都是心理学中的印象管理。简单来说，印象管理是指一个人通过一定的方式影响别人对自己的印象的过程。

如何理解人类的印象管理呢？恰当的印象管理是人际交往的润滑剂，可以使交往顺畅地继续下去。例如，许多人在找工作的时候会尽力在衣着打扮、言谈举止上表现出自己的最佳形象，而且他还会去猜测招聘者的喜好，使自己的形象符合其偏好，这样才有可能得到那份工作。一个人既希望自己的行为举止优雅自如，也希望别人文雅礼貌，而不顾忌社会习惯和规范的行为总是会引起他人的鄙视。因此，从某种程度上说，恰当的印象管理不是虚伪，而是人类文明的标志，是一个人修养的量尺。

印象管理是自我调节的一个重要方面，包括与他人的社会互动，是自我认知观点的核心，也是人类的一种基本动机，即不论个体在组织内部还是组织外部都渴望被别人积极看待，避免被别人消极看待。[②]

---

① 孙时进：《社会心理学导论》，上海：复旦大学出版社，2011年。

② 乐国安：《社会心理学》（第3版），北京：中国人民大学出版社，2017年。

（三）印象管理的动机

为什么一个人会进行印象管理？这涉及印象管理的动机问题。所谓印象管理的动机，指的是人们想操纵和控制自己在他人心目中的印象的意愿程度。个体印象管理的动机水平取决于三方面的因素。

第一，印象与个人目标的相关性。越是与个人目标相关密切的印象，个体进行印象管理的动机就越强烈。

第二，这些目标的价值。越是有价值的目标，个体进行印象管理的动机就越强烈。例如，自我发展对个人来说是非常有价值的目标，而上级和同事对自己工作能力与工作方式的印象，则直接影响个体的自我发展。因此，一个人往往会非常在意使上级和同事对自己的工作能力与工作方式产生好印象。

第三，一个人期望留给他人的印象与他认为自己已经留给他人的印象之间的差异。这种差异越大，个体的印象管理的动机就越强。例如，某个人希望上级赏识自己的能力，下级认可自己的工作方式，当他认为上级过去已对自己的能力产生不良印象，或者下级已对自己的工作方式产生不良印象时，个体改变这种印象、对自我印象进行管理的愿望就会更强烈。

专栏：印象管理在求职中的应用

　　非言语印象管理的有效运用可以很好地影响面试考官的决定，而过度使用则会适得其反。

　　心理学家巴朗做了一项很有意思的研究：他分别请一些男女大学生对一名女性求职者（实际上是由巴朗的助手扮演的）进行面试，这位女性应聘的是一个初级工作岗位。在所有的面试程序中，她使用的是完全相同的语言信息，但在非语言信息的使用上采用两种方式：一种是大量使用积极的身体语言，如面带微笑、点头、身体前倾、认真注视考官等；另一种情况则不使用任何积极的身体语言。另外，她身上还有另一项自变量的变化，即擦香水和不擦香水。结果发现，如果这位女性求职者只使用积极的身体语言或只是擦香水，男性面试考官对她的评价相比不使用任何身体语言要高。但是，如果她既使用积极的身体语言又擦香水，男性面试考官就会降低对她的评价；而在女性面试考官身上却没有发现这种差异。

巴朗的研究表明，印象管理在面试过程中的作用是比较复杂的，过犹不及，重要的是恰如其分。[①]

二、印象管理的有关理论

一些社会心理学家对印象管理进行了理论分析，有影响的主要包括三种理论：符号互动理论、戏剧理论和情境同一性理论。

（一）符号互动理论

符号互动理论强调参与社会互动的人要站在他人的角色立场去了解别人是如何看待自己的，这可以使人们能够有效地控制自己的社会行为，从而使别人感到满意。

例如，通过角色替代，演说家可以选择恰当的衣着和演讲风格来取得听众的认同；教师站在学生的立场上考虑他们喜欢什么样的老师，依据他们的知识背景和接受能力进行教学，决定采取何种态度才能有效地为学生所接受。

（二）戏剧理论

戏剧理论是戈夫曼在 1959 年出版的《日常生活中的自我呈现》一书中提出的。戈夫曼认为，社会交往就像戏剧舞台，每个人都在扮演某个角色、演出一定的节目。

当一个人在别人面前出现时，他总是试图控制别人对自己产生的印象及交往的性质。社会赞许的需要以及控制交往结果的愿望促进人们进行印象管理。在社会互动中，每个人都竭力维持一种与当前的社会情境相吻合的形象，以确保他人对其作出使之愉快的评价。

如果能够成功地维持良好的形象，这个人就会受到周围其他人的赞许，他就"有面子"，否则就是"丢脸"。每个人都有一套保全面子或挽回脸面的策略，即面子功夫，

[①] 于环：《应聘面试中的非言语印象管理策略》，《经营与管理》，2012（2）：74-75。

这就是印象管理的策略。

（三）情境同一性理论

情境同一性理论是亚历山大等人于 20 世纪 70 年代提出来的。该理论认为印象管理是社会互动的一个重要方面。

情境同一性理论认为，每个社会情境或人际背景都有一种合适的社会行为模式，这种行为模式表达了一种特别适合于该情境的同一性，故而称之为情境同一性。人们在交往中力求创造最适合自己的情境同一性。因此，一位大学教师在演讲时会力图表现出教授或者学者型的情境同一性，而在与朋友聚会闲聊时则会表现出一种更为随便的情境同一性。

以上三种关于印象管理的观点尽管有所差别，但是它们都强调：他人总要形成关于我们的印象并指导他们同我们的交往。因此，理解他们对我们的知觉和认知并以此为依据创造出积极的、有利于我们的形象，有助于我们成功地与人交往。

三、印象管理与心理健康

许多人在别人面前会尽力塑造自己的良好形象，通常情况下这对自己会产生有利的影响。为了给他人留下好印象，得到他人好的评价与对待，人们会采用一种给他人造成特定印象的行为方式。恰当的印象管理是人际交往的辅助手段，是一个人适应社会的评判标准之一。为此，人们经常有选择性地呈现自己的一部分信息，这些信息有助于留下良好的印象，而隐藏一些与自己理想形象不相符的信息。

然而，一个人使用印象管理虽然能够给别人留下理想的好印象，但是这样做也会引起一些负性的心理结果，如使当事人感到焦虑和尴尬。人们在进行印象管理时，常常做出一些自认理想形象该有的行为，但是这对自己和他人可能是有害的。国外的研究发现，当人们认为自己留给别人的印象是不理想的，他们的自尊水平会降低，由此产生抑郁。另外一项国外的研究发现，当人们怀疑自己是否已经成功地给别人留下理想的印象时，他们会感受到社会焦虑。

总之，一方面人们多数情况下必然会进行印象管理；另一方面，一些印象管理策略对心理健康有消极影响，而一些策略具有积极作用。因此，我们应该进行适当的、合理的印象管理，以维护自己的心理健康。

第二节
基层工作者印象管理运用的常用方法

一般情况下，个体有一种基本动机，那就是渴望被别人积极看待，避免被别人消极看待。印象管理在人际交往中应用普遍，可以有意为之，也可以在不经意的情况下使用。人们将印象管理的应用方法称为印象管理策略。目前，研究者们归纳总结的印象管理策略有许多种。

一、降级防御策略与促进提升策略

（一）降级防御策略

当个体试图使自己为某个消极事件承担最小的责任或者想摆脱麻烦时，就可以使用降级防御策略。这样就不会给别人留下关于自己的消极印象。这类策略包括道歉、解释以及置身事外等。

1. 道歉

当找不到合理的解释时，就为这一消极事件向上级道歉。这样的道歉不仅可以让人感到他的确有悔恨之意，而且会让人觉得这样的事情以后不会再发生了。

例如，确实是上班迟到了，或者的确没有按时完成任务，这时如果先解释原因，往往会引起对方的反感。如果能先表示歉意，再做出适当的解释，就更容易让人接受，而不至于影响自己在他人心目中的形象。

2. 解释

这里的解释主要是指试图做出说明或为自己的行为辩护。例如，任务未能按时完成，是由于自己身体不适或感觉不好，或者有其他更重要的事情要忙。这类解释如果有效的话，不会给别人留下是由于自己能力不足而导致任务未完成。

3．置身事外

当个体与进展不顺利的某件事情不直接相关时，他们可以私下告知上级自己与这件事没有直接关系。使用这种方法，常常能使自己少受不好的事情的牵连。

（二）促进提升策略

当个体试图使自己关于某一积极结果的责任最大化，或者想让自己看起来比实际更出色，可以使用促进提升策略。这类策略主要有宣扬、揭示困难、争取名分以及联合等。

1．宣扬

当一个人已经因为某项工作而受到表扬，但还想让别人了解自己比别人原先所认为的做得更多、更好、影响更大时，常常会采用这种策略。例如，自己在小组工作方式上的变革，不仅使小组现在的业绩提高了，而且还将使小组的竞争力增强。

2．揭示困难

让人们了解自己尽管存在个人或组织方面的困难与障碍，但还是取得了积极的成果，这样就会使别人对自己有更好的评价。

3．争取名分

当一个人认为自己因为做出了积极成绩应该得到应有的认可时，通常会采用这种策略。

4．联合

确保在适当的时间被看见与适当的人在一起，让人们了解自己与成功项目的密切关系。

二、获得性印象管理策略与保护性印象管理策略

（一）获得性印象管理策略

获得性印象管理，也称为自信性印象管理，是指个体试图使别人更加积极地看待自己，努力塑造和完善自己在他人心目中的美好形象。获得性印象管理策略主要包括意见遵从、抬举他人、自我宣传等具体方法。

1．自我宣传

人们常常希望设法别人认为自己的能力在各方面都略胜一筹，使自己看起来更

具吸引力。例如，在求职面试当中，求职者首先寻找招聘单位需要哪种特质的人才，然后突出自己这些特征。

2．意见遵从

人们常常通过与别人的观点、态度、价值观等一致，来增加自己被他人喜欢的可能性。例如，有些聪明的求职者，在一些无关紧要的小事情上同考官意见不一致，在重要事情上却保持一致；开始与考官意见不同，在交流过程中，逐渐趋同。

3．抬举他人

抬举他人是通过对别人的抬举、肯定或表扬，从而提高自己在其他人心目中的良好印象。例如，应聘者在面试中通过陈述别人的优点和成绩，不仅能够表现自己的气度，也可以委婉证明过去工作成绩的真实性。

（二）保护性印象管理策略

保护性印象管理，也称为防御性印象管理，是指尽可能弱化自己的不足或避免使别人消极看待自己的防御性措施。保护性印象管理策略主要包括事先声明、自我设障、合理化理由、道歉和自我贬低等方法。

1．事先声明

在危机情境出现之前，先根据情况预知原因。这种技巧看似暴露了缺点，但能让人感到诚心。

2．自我设障

有时人们会通过设置障碍阻挠自己取得成功，但这绝不是为了故意破坏自我形象，而是为了达到自我保护的目的。

3．合理化理由

通过语言对消极事件进行修复性阐述，称为合理化理由技术。这种技术通过阐述理由的合理性，强调消极事件是如何造成的，努力消除消极事件对个体形象造成的不良影响。例如，面试中，求职者喜欢用那些可被原谅的借口对过去的工作失利进行解释，如将离职原因解释为生病、结婚等可原谅的因素，而不是待遇不好、人际关系不佳等看似能力不强的因素。

4．道歉和自我贬低

道歉和自我贬低在某种程度上，可以给人们的失败提供一种合乎情理的解释。

三、自我表露与非言语行为

（一）自我表露

自我表露是指个体与他人交往时自愿地在他人面前真实地展示自己的行为、倾诉自己的思想。现实生活中人的自我也分为"公开自我"和"私下自我"两种，前者是人们在工作场合或在一般社会情境中表现出的形象，而后者则是个人的真实形象，二者往往不一致。例如，人们从工作单位回家就相当于演员从前台退到了后台。在家里，夫妻俩可以表现自己的"私下自我"，吵嘴撒气，都是正常的。但如果家里有客人来了，这个后台又成了前台，夫妻又得和和气气将"公开自我"展示给客人。印象管理的目的是要给人一种积极的"公开自我"，不让别人看到自己的"私下自我"。

从来不表露自己的人很难与他人建立亲密关系，没有知心朋友，缺乏社会支持系统，面临困难时无法向他人求助，很容易被挫折和烦恼压垮；而将自己心里的所有事情一股脑地倒给别人会使他人感到威胁，他人会采取避而远之的防卫态度，这种人也得不到真正的友情。理想的方法是对少数好朋友多表露一些，而对于一般人则保持中等的自我表露，既使别人感到你真诚而不虚伪，又使人感到与你交往很安全。

自我表露遵循对等原则。要让别人对你展示真实的自我，你自己就要进行适当的自我表露。一般来说，人们往往根据他人的自我表露来判断自己该做出什么样的表露。别人表露得较多，自己表露得太少，别人就会怀疑你交往的诚意；而别人表露得较少，自己表露又太多，别人又会感到不自在。自我表露的对等过程是人们互相之间建立信任的过程。人际交往开始于低水平的自我表露和低水平的信任，一个人开始表露自己的心声时，信任的纽带便开始建立，对方会以同样亲密的自我表露作为接受信任的信号。自我表露不断变换，直到形成恰当的亲密关系。

（二）非言语行为

非言语行为主要包括有声的非言语行为和无声的非言语行为。有声的非言语行为包括语调、痛哭、尖叫等，无声的非言语行为包括表情、手势等。

人们在对他人形成印象或对他人行为进行归因时，都或多或少地依赖于对其非言语行为的判断。在实际的人际互动情境中，因为非言语行为不易觉察、难以捕捉，所以有些人经常使用。

四、"登门槛"效应与"门面"效应

很多人都希望与自己交往的人是比较稳定并且一致的。反复无常的人会让人捉摸不透，无法控制与他交往，因此，保持一致的形象是给人以良好印象的前提。"登门槛"效应与"门面"效应均有助于保持一个人形象的一致性。

（一）"登门槛"效应

当个体先接受一个小的要求后，为保持形象的一致，他更可能接受一项重大、更不合意的要求，这叫作"登门槛"效应，又称"得寸进尺"效应。

"登门槛"效应在现实生活中有大量应用。比如当顾客选购衣服时，精明的售货员为打消顾客的疑虑，"慷慨"地让顾客试一试，当顾客将衣服穿在身上时，他会称赞这件衣服很合适，并周到地为顾客服务。在这种情况下，当他劝顾客买下时，很多顾客都难以拒绝。有经验的教师在做学生工作时也是这样，他总是先让学生承诺完成一件比较容易的任务，待到任务完成后，再提出更进一步的要求。

 专栏："登门槛"效应的实验证据

弗里德曼和弗雷泽在 1966 年的一项研究中，让两位大学生访问郊区的一些家庭主妇。其中一位首先请求家庭主妇将一个小标签贴在窗户上或在一个关于美化加州或安全驾驶的请愿书上签名，这是一个小的、无害的要求。

两周后，另一位大学生再次访问家庭主妇，要求她们在今后的两周时间里在院内竖立一个呼吁安全驾驶的大招牌，该招牌很不美观，这是一个大要求。结果答应了第一项请求的人中有 55% 的人接受了这项要求，而那些第一次没被访问的家庭主妇中只有 17% 的人接受了该要求。

这个实验说明人们都有保持自己形象一致的愿望，一旦表示出助人、合作的言行，即便别人后来的要求有些过分，人们也愿意接受。[1]

---

① 乐国安：《社会心理学》，北京：中国人民大学出版社，2009：413-414。

（二）"门面"效应

如果对某人提出一个很大而又被拒绝的要求，接着向他提出一个小一点的要求，那么他接受这个小要求的可能性比直接向他提出这个小要求的可能性大得多，这种现象被称为"门面"效应。

查尔迪尼等人进行过"导致顺从的互让过程：门面技术"的研究，研究者要求大学生花两年的时间担任一个少年管教所的义务辅导员，这是一件特别费时的工作，几乎所有的大学生都拒绝了。他们接着又提出一个小的要求，让大学生带领少年们去动物园玩一次，结果50％的人接受了此要求。而当研究者直接向大学生提出这一要求时，只有 16.7％的人同意。那些拒绝了第一个大要求的学生认为这样做损害了自己富有同情心、乐于助人的形象，为恢复他们的利他形象，便欣然接受第二个小要求。

许多人正是利用这种策略去影响他人，当他想让别人为他办某事之前，他往往提出一大堆别人根本不可能做到的要求，待别人拒绝且怀有一定的歉意后，他才亮出自己真正要让对方办的事。由于前面拒绝了太多，人们往往为留些面子会尽力接受最后这项要求。

第三节
基层工作者印象管理运用的典型案例

一、案例资料

彭湃是中国共产党早期的革命活动家、中国农民运动的先驱者，是中国共产党内最早开展农民运动的领袖，是中国第一个农民协会的创始人，被毛泽东誉为"农民运动大王"。然而，20世纪20年代初，彭湃在广东省海陆丰农村宣传和动员农民群众时，尽管他给乡民们讲了许多透彻的道理，但是仍然鲜有人起来响应。

原因在哪里呢？他自己最开始的时候也搞不清楚。后来经过别人提醒才意识到问题所在。原来，彭湃是从日本早稻田大学留学归国的。他是真心关心劳苦大众的疾苦，但是他自己每次去农民家里都是西装革履，一副阔少爷打扮。有些农民见了他以后，以为他是来讨债的，躲得远远的。即便听了彭湃的宣讲，农民们也很难相信这样的人能够代表他们的利益，为他们着想。

意识到这一点以后，彭湃换上了农民的服装，操起当地的方言，经过一番努力终于和农民兄弟成了朋友。大家开始相信"三少爷"毁家闹革命是真心实意的。不久，海陆丰的农民运动就轰轰烈烈地开展起来了。①

二、案例分析

印象管理本身并无好坏之分，关键是你运用这种手段或者技巧要达到什么目的。印象管理具有正负两面性。就其积极即正面意义而言，成功的印象管理可以用来建立

---

① 吴江霖、戴健林、陈卫旗：《社会心理学》，广州：广东高等教育出版社，2004：356-358。

真诚的人际关系，使人们之间的交往和互动能够顺利地进行下去。

　　成功的印象管理还能够调节与润滑人际关系。随着人际、群际、区际乃至国际交往日益普遍，我们在社会生活中使用印象管理的技巧来赢得他人或他国的好感，给予他人或他国一定程度和规格的礼遇是极为常见的事了。

　　印象管理也有其消极的一面。由于印象管理直接涉及对他人印象的控制。因此，有人运用这一手段虚饰自己的社会地位和真实身份，也有人利用相应的技巧为自己谋利。例如，人们往往运用服装、首饰、宴席、车马、楼台庭宇或其他可以操纵的物质手段来显示自己的社会地位和身份，而不论他们是否真的拥有相应的社会地位和身份。这叫"露脸"或"争面子"。在日常消费活动中，这种运用印象管理技巧的现象在那些吝啬而又要在人前装门面的人身上表现是最为突出的。有人甚至会不顾生理和生活上的需求，一味追求这种心理上的满足，以至于本末倒置。

　　有些人在人前一套，在人后是另外一套，不过是为了争面子，还不涉及为自己谋利的问题。但是，利用印象管理的技巧为自己谋利的事，古今中外都不鲜见。在这方面最为典型的恐怕要算逢迎之道了。逢迎的主要表现有恭维和施惠。恭维又称奉承和"拍马屁"，是通过一定的言语、表情、行为等印象管理手段抬高他人的威望和尊严，以赢得对方的好感，然后再利用它为自己的个人目的服务。施惠与奉承相似，只是它更注重用金钱或其他物质手段来博取别人的欢心。逢迎是一种不正常的社会心理现象，逢迎之道的盛行不仅会污染人际关系环境，而且会影响社会风气。

　　在上述案例当中，彭湃留学归国后仍然保留了穿着正装去工作的习惯，但是他"西装革履"的衣着打扮，在农民心目中留下的是非常消极的"贵公子"印象，让人怀疑彭湃所说的话，大家担心被骗。彭湃了解到真实的原因之后，改变了穿衣、说话的方式，农民才扭转了对他的印象。

　　这个案例是一个非常典型的印象管理的例子。其实，印象管理在真实生活中也大量存在。甚至从一个人的印象管理，发展到一个组织、一个国家的印象管理和形象塑造。基层工作者在日常工作中应该重视这个问题。

资源链接

　　1. 书籍《如何给别人留下好印象》（职场第一课·印象管理）。该书由速溶综合研究所编写，由中信出版集团于 2018 年 12 月出版。该书认为，在职场中给别人的印象往往影响后续工作中双方的交流。如果给对方留下的印象太差或者太模糊，都有可能导致自己在职场的发展受阻。良好的职场形象不仅表现在着装上，还体现在言行举止、日常行为等多方面。这本书系统地介绍了给他人留下好印象的方法，以及日常工作中容易被忽视的展现印象力的细节，并详细列出了让印象大打折扣的具体小事，以提醒大家注意。这本书旨在帮助职场新人顺利迈出被社会欣然接受的一步。书中配以轻松的漫画，帮助读者加深理解的同时增添阅读的乐趣，亦配有有趣的场景小测试，让读者在轻松的氛围中检测自己的印象管理技能。

2. 视频《印象管理》。网址：https://www.bilibili.com/video/BV1GW411p7QY/?spm_id_from=333.788. recommend_more_video.0。该视频介绍了印象管理的有关知识，尤其是印象管理在现实生活中的应用策略，如在求职面试、考研复试等方面如何做好自己的印象管理。

07

基层工作者的人际关系

　　亚里士多德曾经说："人是社会性动物。"在现实社会生活中，一个人不可避免地要和形形色色的人打交道，要和不同的人建立人际关系。而大量的心理学研究表明，人际关系对一个人的身心健康、事业成功以及生活幸福有重要的影响。基层工作者在工作与生活中，如何与别人建立良好的人际关系？如何加强人际沟通？如何在社会交往过程中收获友谊、获取他人在工作上的支持？这些是本章要探讨的问题。

第一节
基层工作者的人际关系与心理健康

一、人际关系的含义

（一）何为人际关系

在日常生活中，每个人都在与其他人不断沟通和交流，在这个过程中，人们之间会形成各种各样的联系，建立起各式各样的关系，如同事关系、上下级关系、朋友关系、师生关系、同学关系等。因此，人际关系是社会心理学的重要研究课题。

那么，什么是人际关系呢？所谓人际关系，是指人们彼此为了寻求满足各种需要而在共同活动中建立起来的相互间的心理关系。

这种关系主要表现为人们心理上的距离远近、个体对他人的心理倾向以及相应的行为等。人际关系在人类社会活动过程中产生，其实质也是一种社会关系。然而，这种心理上的关系可能与人们实际的社会关系相符，也可能不符合或超越社会关系。例如，在一个单位，同事之间除了一般的同事关系外还可能是朋友，而关系恶化的同事之间在心理上很可能是一种敌对关系。

在现实生活中，人际关系是复杂微妙的并且是不断变化的，人们无法在任何时候跟每个人都保持同样的心理距离，只有根据不同的交往对象和交往情境，与别人保持恰当的亲密程度以及接受、合作的程度，并且在各种不同的角色要求之间能够灵活协调，才能使人际关系变得和谐融洽。

（二）人际关系的心理成分

为了更为深入地理解人际关系的概念，需要从心理学的角度对人际关系的心理成分进行分析。人际关系包含哪些成分呢？概括地说，人际关系包含认知、情感和行为三种基本成分。

人际关系的认知成分是一个人对人际关系的认识和理解，是人际知觉的结果。人们往往通过对他人与他人、他人与自己的关系以及他人对自己的反应来知觉人际关系；但人际知觉也受到动机、情感这些非理性因素的影响。例如，对于微笑，人们一般会认为是友好的表示，但如果认为对方是抱着某种功利性目的的话，则可能会把这种微笑看作谄媚的表现。以积极、正面的态度看待自己、他人以及人与人之间的关系，是建立和谐人际关系的基础。

人际关系的情感成分反映的是人际关系双方在情感上的满足程度，是人际关系的主要成分，也是评价人际关系的主要标志。例如，人们常说谁跟谁的关系很"铁"，谁跟谁"水火不容"，这些都是人际关系情感成分的体现。

人际关系的行为成分是指与人际关系有关的个体外在表现，如语言、动作、表情等。如果行为表现是发自内心时，可将其当作人际关系一个比较灵敏的指标。但如果行为是一种经过掩饰的表演的话，就需要从其他角度来考察人际关系的实际状况了。

跟其他心理活动一样，人际关系的三种成分并非孤立地发生作用的。如人际知觉是个体对别人外在行为的觉察并依此推测对方的情感、态度等，而个体本身的情感往往又影响对别人的人际知觉，并左右对别人做出何种人际行为。要改善人际关系，应该同时从三方面入手，既需要对别人和自己进行正确的认识，也要改变对对方的态度和行为，形成积极的人际情感。

（三）人际关系的发展过程

奥尔特曼（I. Altman）和泰勒（D. A. Taylor）提出了社会渗透理论来解释人际关系的发展过程。他们认为，人际交往主要有两个维度：一是交往的广度，即交往或交换的范围；二是交往的深度，即交往的亲密水平。人际关系的发展过程通常是由较窄范围内的表层交往，向较广范围的密切交往发展。人们根据对交换成本和回报的计算，来决定是否增加对人际关系的投入。奥尔特曼等人认为，良好的人际关系的发展，一般经过四个阶段：定向阶段、情感探索阶段、情感交流阶段和稳定交往阶段。

1. 定向阶段

在人际交往中，人们对交往的对象具有很高的选择性。选择交往对象的过程本身反映了交往者的某种需要倾向、兴趣特征等个性心理特点。进入一个交往场合时，人们往往会选择性注意某些人，而对另外一些人视而不见，或者只是礼貌性地打个招呼。

对于注意到的对象，人们会进行初步的沟通，谈谈无关紧要的话题，这些活动就是定向阶段的任务。

在这个阶段，人们只有表层的自我表露（Self-disclosure）。例如，谈谈天气、自己的职业、工作、对最近发生的新闻事件的看法。这种初步的沟通是我们在选择某个交往对象之后，试图与其建立某种关系的实际行动，希望对别人有初步的了解，以便自己知道是否有必要与对方展开进一步交往。同时，我们也希望给对方留下良好的第一印象，为可能形成的人际关系奠定良好的基础。

此外，定向阶段的时间跨度长短不一。例如，邂逅而相见恨晚的人，定向阶段会在第一次见面时完成。而对于可能有很多接触机会但是彼此自我防卫倾向较强的人来说，定向阶段可能要经过长时间沟通才能完成。

2. 情感探索阶段

如果在定向阶段双方有好感，产生了继续交往的兴趣，那么就可能有进一步的自我表露，如工作中的体验、感受等，并且开始探索在哪些方面双方可以进行更深的交往，双方自我表露的深度和广度逐渐增加。这就进入了人际关系的情感探索阶段。

在情感探索阶段，交往的双方有一定程度的情感卷入，但是还不会涉及私密领域。双方的交往还会受到角色规范、社会礼仪等基本交往规范的制约，在形式上是比较正式的。

3. 情感交流阶段

如果在情感探索阶段双方能够谈得来，建立了基本的信任感，就可能发展到人际关系的情感交流阶段。在这一阶段，双方的关系开始出现实质性的变化。彼此有比较深的情感卷入，可以谈论一些私人性的问题，如相互诉说工作和生活中的烦恼、讨论家庭中的情况等。

这时，双方的安全感与信任感已经确立，彼此的关系已经超出了正式规范的限制，比较放松，比较自由自在，如果有不同意见也能够坦率相告，没有多少拘束。此时，人们会相互提供真实的评价性反馈信息，提供建议，彼此之间可以进行真诚的赞赏或者批评。

4. 稳定交往阶段

随着交往双方接触次数的增加，人们在心理上的共同领域会进一步扩大，并且伴随着深度的情感卷入，自我表露也更为深入广泛。这就进入了人际关系的稳定交往阶段。

在这一阶段，双方成为亲密朋友，可以分享各自的生活空间、情感、财物等，自我表露更深更广，相互关心也更多。一般来说，能够达到这种境界的人际关系相当少，人们常说的"人生难得一知己，千古知音最难寻"就是这个意思。[①]

二、人际关系的理论

（一）社会交换理论

社会交换理论是霍曼斯提出来的。该理论认为，人与人之间的交往本质上是一个社会交换的过程。人们之间的所有活动都是交换，是一种准经济交易：当你与他人交往时，你希望获取一定的利益；作为回报，也准备给予他人某种东西。他人也是如此。

社会交换理论假定交换中的个体都是自利的（Self-interested）：人们试图使自己的收益最大化，并使自己的成本最小化，从而确保交换结果是一个正的净收益。在这里，交换的东西是非常广泛的，可以是物质的，也可以是"社会"性的，包括信息、金钱、地位、情感和物品等。

我们在人际交往中可能会有这样的经验：一段人际关系能提供给我们的收益（如情感的愉悦、态度上的支持等）越高，我们对交往对象的喜欢程度也越高，这段关系也越稳固；反之，如果一段关系的成本（如时间、精力的过度付出、情绪的困扰等）远远超出了它所能给予的（如外表的赏心悦目），那我们对交往对象的热情就会降低，关系也难以长久。因此，有学者指出，只有公平性的关系才是比较稳定和愉快的关系。

这种建立在成本和收益的经济模型基础上的人际关系的简单概念，被心理学家和社会学家延伸形成了复杂的社会交换理论。社会交换理论认为，人们所知觉到的一段关系的正性或负性程度取决于：①自己在关系中所得到的回报；②自己在关系中所花费的成本；③对自己应得到什么样的关系和能够与他人建立一个更好的关系的可能程度。

换句话来说，我们"购买"我们所能得到的最好关系，我们的情感货币能提供给我们的价值最多。社会交换理论的基本概念是收益、成本、结果和比较水平。社会交换理论有许多研究证据的支持：朋友和亲密伴侣之间的确关注他们对这段关系是否拥有良好的感觉。[②]

---

① 郑全全、俞国良：《人际关系心理学》，北京：人民教育出版社，1999年。
② 乐国安：《社会心理学》（第3版），北京：中国人民大学出版社，2017年。

（二）公平理论

一些研究者批评社会交换理论忽视了关系中的一个重要因素——公平。公平理论的支持者强调，人们并非简单地以最小代价换取最大利益；他们还要考虑关系中的公平性，即与人际关系中的同伴相比，两者贡献的成本和得到的收益基本是相同的。这些研究者把一段公平的关系描绘为最快乐和最稳定的关系。相比较而言，不公平的关系导致一方感到过度受益（得到许多收益，耗费极小的成本），或者过度受损（得到极少收益，付出众多成本，在这段关系中耗费诸多的时间和精力）。

根据公平理论，过度受益和过度受损的关系双方对这种状态都应该感到不安，且双方都会有在关系中重建公平的动机。这对于过度受损的一方来说是合理的，但为什么过度受益的个体想要放弃社会交换理论所阐述的那么轻松的交易——以微小的成本和工作来换取高额的收益呢？一些研究者强调，公平是一个强有力的社会标准——如果他们在一段关系中得到的超过他们应得的，个体将最终感到不安，甚至感到内疚。所以，按公平理论看来，交际双方体验到贡献成本和得到的收益基本相同时，这种人际关系就是很愉快的。

当然，在长期的亲密关系中，社会交换理论和公平理论都变得复杂起来。例如，你可能会乐意花时间帮助关系好的同事处理一些工作上的事情，但是你显然希望在你需要的时候他也会帮助你。相反，你和你最好的朋友在双方需要的时候可能经常帮忙，但是谁也不会总记得付出了什么又得到了什么。

（三）人际关系的三维理论

舒茨（W. C. Schuts）提出了人际关系的三维理论。该理论认为，每个人都有与他人建立人际关系的愿望和需要，只是有些人表现得明显一些，有些人表现得不明显。这些需要大致可以分为包容需要、控制需要和情感需要三类需要。每个人都有三种最基本的人际需要，而且每一类需要都可以转化为动机，产生一定的行为倾向，建立一定的人际关系。

包容需要是指个体想与他人建立并维持一种满意的相互关系的需要。这种需要得到满足之后，个体就会表现出沟通、相容、相属等肯定性的行为特征；相反，个体就会表现出孤立、退缩、排斥、忽视等否定性的行为特征。

控制需要是指个体控制他人或被他人控制的需要，也就是个体在权力问题上与他人建立并维持满意关系的需要。这种需要得到满足后，个体会形成使用权力、权威、影响、控制、支配、领导等行为特征；反之就会形成抗拒权威、忽视秩序、受人支配等行为特征。

情感需要是指个体爱他人或被他人所爱的需要，也就是个体在与他人的关系中建立并维持亲密情感联系的需要。这种需要得到满足之后，个体就会表现出同情、热情、喜爱、亲密等行为特征；反之就会表现出冷淡、疏远、厌恶、反感、憎恨等行为特征。

（四）自我表露理论

一般而言，社会交换过程也包含情感的交流，而情感的交流是与自我表露分不开的。所谓自我表露就是我们常说的"敞开心扉"，即把有关的信息、自己内心的思想和情感暴露给对方。良好的人际关系是在交往双方的自我表露逐渐增加的过程中发展起来的。

自我表露可以增加他人对你的喜欢。自我表露本身具有很强的象征性，会给对方一个强有力的信号：你对他（她）相当信任，愿意有进一步的交往。而且，对他人的自我表露可以引发他人进行自我表露，由此可以增进相互理解、相互信任。

H·布里格斯（Briggs）认为，自我表露对他人具有多种益处。首先，他们知道彼此相似与不同点在何处，还能了解相似与不同的程度。其次，准确地向他人表露自我，是健康人格的体现。再次，自我表露增强了自我觉察的能力。最后，分享体验帮助个体发现这不是他们唯一存在的问题。此外，自我表露可以从他人那里获得反馈，减少不必要的行为。

当然，自我表露也必须注意分寸，过度的表露会让人感到不舒服。一般来说，表露的范围和深度是随着关系的发展而逐步递进的，对于不同的关系，在不同的发展阶段，自我表露的广度和深度明显不同。在非常亲密的朋友中，自我表露往往十分深入，可以达到无话不说的地步，但也要注意不要轻易触及"隐私"问题。Briggs 认为，自我表露是存在风险的，主要包括：来自他人的攻击、嘲笑、拒绝与不关心；不适当的自我表露，可能引起他人的退缩或拒绝；对不适宜的人或在不恰当的时间过分表露的人，被认为是社会化不良的表现。因此，只有在"隐私"需求和沟通需求之间保持适度的平衡，亲密关系才能正常发展。[①]

---

① 吕建国：《大学心理学》，成都：四川大学出版社，2004年。

三、人际关系与心理健康

　　人际关系和心理健康之间存在什么样的关系呢？总的来说，人际关系对一个人的心理健康和生活幸福有十分重要的作用。[①]一个人的成长、发展、成功、幸福与人际关系密切相关。没有人与人之间的良好关系，就没有生活基础。

　　一方面，与人交往是人类的基本需求之一，在需要层次理论当中，爱与归属的需要是人类基本需要的第三层次，当人们满足了温饱、安全的需要之后，就会努力去寻求社会交往需要的满足。另一方面，良好的人际关系，如他人的尊重、信任、关心、认可，真诚的友谊，都有助于建立个体的社会支持系统，可以降低或消除我们的孤独感，帮助我们抵御挫折、失败等带来的巨大心理压力。

　　正常的人际交往和良好的人际关系是一个人获得幸福生活的保证，能让人心情舒畅、工作顺利、合作愉快；良好人际关系还是个体身心健康成长的基本条件，能让人获得自信，在交往中有安全感。同时，良好人际关系还是社会安定团结的保障，能让社会生活正常运行，有效发挥群体实力。

　　心理学研究表明，不能与他人建立稳定人际关系的人，常常会体验到抑郁、焦虑、孤独等负面情绪。长期遭受社会拒绝和排斥，会导致个体的社会功能退缩，合作意识降低，认知功能受损，甚至会增加个体的反社会行为和攻击行为。

　　一项研究发现，遭受人际关系排斥会使个体的情绪低落，此时所激活的脑区与生理疼痛时所激活的脑区重合，我们在日常生活中常常用"心痛""心碎"来形容人际关系破裂所带来的主观感受。这项研究结果表明，这种情感上的"痛"的确是一种切肤之痛。

　　国内一项针对1433名调查对象的研究发现，人们的人际关系与身体健康和心理健康是密切关联、相互影响的。一个人的人际关系高度影响他的身体健康和心理健康，但其对于心理健康的影响和作用，比对身体健康的影响和作用更大。

---

　　① 时蓉华：《社会心理学》，杭州：浙江教育出版社，2005年。

第二节
基层工作者人际关系建设的常用方法

一、重视人际吸引的影响因素

人际吸引即人与人之间相互形成的积极态度（彼此注意、欣赏、仰慕等）或喜爱的情感，是人际关系进一步发展的前提。了解人际吸引的影响因素，有助于我们在社会交往当中建立良好的人际关系。[①] 那么，哪些因素会影响人际吸引的发生呢？

（一）相似性与互补性

1. 相似性

相似性是指人们倾向于喜欢那些跟自己在态度、兴趣、价值观、背景以及人格这些方面相似的人，即"物以类聚，人以群分"。

纽科姆（Newcomb）在他的研究中把一群大学生按态度和价值观非常相似和非常不同分别分配进不同的宿舍，然后定期测验他们对一些事情的态度、看法，以及对室友的喜欢程度。开始时，空间距离是决定人们交往深浅的重要因素；到了后期，彼此间态度、价值观和个性特征的相似性超过了距离的重要性，成为人际关系密切与否的基础。那些态度和价值观相似的大学生普遍都很喜欢自己的室友并最终成了朋友，而那些差异较大的大学生则更倾向于彼此嫌恶且不能建立起朋友关系。

相似性之所以能导致人际吸引，一方面是因为在许多方面相似的人那里可以得到更多的赞同和支持；另一方面，人们总是为别人的优点所吸引，但如果对方的条件太好，被对方拒绝交往的可能性也越大。

相似性的作用也是有一定范围的，如当人们得知与自己相似的人具有某种不好

---

① 雷开春：《社会心理学新编》，上海：复旦大学出版社，2016年。

的特质时，会担心自己也跟别人一样，因此拒绝和他们来往。最后，有的人喜欢寻求刺激与新奇的事物，当他们觉得已经被对方接受时，他们会乐于与自己差异很大的人交往。

2．互补性

需求的互补性也能导致人际吸引，如果社会交往的一方所表现出来的行为或品质正好能满足另一方的心理需求，那么很可能彼此产生强烈的吸引力，让人际关系变得密切。

西保特（J. Thibaut）和凯利（G. H. Kelley）曾在大学迎新会上观察男女生如何结交新朋友的情形，发现彼此陌生的新生初次见面时，会先经过一段试探期，男生扫视全体女生，整体打量之后再走近某个特定的女生身旁，并找些话题与之交谈。交谈中，如果彼此发现对方具有魅力（合乎自己的需求）便继续交谈下去；如果一方的行为使另一方感到失望（不合自己的需求），则谈话中断，转而寻找其他对象。西保特和凯利认为，对双方都有助益，或彼此有友好的意愿，或彼此发现有相似的态度时，两人的友好关系便有可能继续下去；反之，付出超过报偿时，亲切的人际关系就难以维持，甚至导致冲突和对立。

还有一种与互补性相似的现象是补偿作用，即当别人拥有的正是我们所缺少的时候，我们就会增加对这个人的喜爱程度。例如，对一个向往当警察而又无缘成为警察的人来说，警察对他就具有某种吸引力。

（二）时空接近性

时空接近性是导致人际吸引的重要因素之一。社会心理学的研究发现，两个人能否成为朋友的最佳预测源是他们住所的远近。生活的时空性决定了我们只能与空间距离接近的人有密切来往，距离越接近，交往的频率可能就越高，越容易建立良好的人际关系。在多数情况下，我们的友谊和浪漫关系开始于与周围人的交往。

费斯廷格等人在一个实验中将一群大学生随机分配到一栋公寓的各个房间，过一段时间后再对这些大学生的人际交往状况进行调查，结果发现那些随机分配到各个宿舍的大学生在列出与自己来往最密切的人时，有65%的人选择了同一栋楼的人，而且有41%的人跟邻居成了好朋友，22%和相隔两三个房间的人成了朋友，只有10%的人跟宿舍走廊另一端的人成为好友。

不但物理空间上的接近性会影响人际吸引，"功能上"的距离也有影响。例如，楼梯口和邮筒附近的住户比其他人有更多机会结识更多朋友。在时间上接触频繁的人也很容易建立起亲切的人际关系。扎伊翁茨（Zajonc）的一个实验可以证明这一点，他向大学生呈现不同面孔的图片，有的面孔呈现次数多达25次，有的则只呈现一两次，然后让大学生指出他们对这些面孔的喜欢程度，以及他们认为对拥有这张脸的人的潜在喜欢程度，结果发现呈现次数越多的图片越受欢迎，对图片上的人的潜在喜欢程度也与此相同。

时空上的接近性使人们有更多机会接触，有助于双方发现共同的经验、话题，从而建立起密切的人际关系。而当人们期望与某个人交往时，一般会主动关注对方的积极品质，跟对方熟悉后会发现更多对方的优点，从而产生积极的情感，推进人际关系朝良性方向发展。但如果交往开始时双方就存在对抗和冲突的话，接近性反而很可能会使消极的情感进一步恶化。例如，把两个本来就心存芥蒂的同事安排在同一个工作组当中，很可能导致更多的冲突，使人际关系进一步恶化。与此类似，如果最初对别人的印象是消极的，频繁的接触反而会降低对他们的喜欢程度。并且，如果两个人在兴趣、需要或人格方面存在冲突的话，少碰面可以降低彼此冲突的程度；反之，接触越多则冲突越剧烈。最后，过多的重复亦会导致疲倦和厌腻，降低人际吸引力。人际吸引在多种因素的共同影响下往往表现为不同的形式。

（三）外表吸引力

虽然我们一般都认为以貌取人是不正确的，但事实上人们很难消除对方外表所起的巨大作用。外表吸引力既包括相貌、身材这些生理因素，也包括穿着、仪态等非生理因素。人们不但会对别人的外表进行评价，而且会根据外表来评价别人的内在品质。例如，长得好看的人往往会被看作同时拥有其他一些优秀的品质，如心理健康、有支配力、聪明等，虽然这些品质实质上跟外表毫无关联。

在国外的一项研究中，让学生对一位女教师的教学进行评价，结果发现，女教师经过打扮后所教的学生比她以平常的样子教的学生认为课程更有趣，并且前者也更倾向于把女教师评判为一位好老师。

外表吸引力除了会与个人品质联系起来外，还有一个重要作用就是人们可能会认为拥有一个漂亮的朋友有助于提高自己的公众形象，因此从中得到受益。例如，身边有一个漂亮的朋友或情侣相伴的人会相对更受欢迎。

当然，外表吸引力也存在很多局限，如不同的文化、时代，甚至不同的个人对美的评判标准都是不一样的。例如，一个追求时尚的人可能会得到大多数年轻人的喜爱，但也可能受到年长人的排斥。更重要的是，外表吸引力对人们判断力的影响会随时间而减弱，在交往时间较长后，人们更多地会依据个人的特质来对其进行评价。

（四）能力与人格

1. 能力

一般情况下，人们喜欢那些有能力、聪明的人。因为与能力非凡的人交往，我们可以学到很多知识和经验，获得更多的好处。但是，当一个人的能力比我们强很多时，会使我们感到可望不可即，这时能力上的差距会变成一种压力。

因此，我们喜欢有能力的人是有一定限度的。在人们可以接受的限度内，越有能力的人就越有吸引力，人们就越喜欢他。超过一定的限度时，人们倾向于逃避或拒绝，其吸引力就会下降。

社会心理学家阿伦森在一项研究中，让研究对象对四种人的吸引力进行评价，结果发现：能力出众但犯有小错误的人被评价为最有吸引力；能力出众而没有出错的完美者吸引力排在第二位；平庸但没有犯错误的人吸引力居第三位；能力平庸而犯同样错误的人被认为最缺乏吸引力。

2. 人格特质

一般来说，我们总是愿意与具有优秀品质的人进行交往。与这种人交往使我们具有安全感，同时可以得到适当甚至很好的回报。具有良好人格品质的人，他们的吸引力是持久、稳定和深刻的。

在一项研究中，研究者让被试评价他们在多大程度上喜欢具有某项品质的个体，结果表明，得到被试评价最高的是与"真诚"相关的一些品质，包括真诚、诚实、理解、忠诚、真实等，而评价最低的则是说谎、虚伪、作假、邪恶等。可见，真诚是影响人际吸引的重要人格品质。事实上，即使是才华出众、气质迷人的人，如果缺乏诚信的话，也难以与别人建立起密切的人际关系。不诚信的人可能会暂时获得的利益，但从长远来看是绝不可取的，有时甚至会给周围的人带来不利影响。

宽和与热情也是影响人际吸引的重要人格特质。其中，宽和是指待人温和、友好、宽厚及知足，是人际交往中接纳对方、表示友爱的重要条件。而一个苛求他人、对别人的缺点和错误耿耿于怀的人，在人际交往中是难以被别人接受的。热情则是指与别人沟通积极主动、活跃，行事成熟坚定。热情是向别人表示喜欢对方，并乐于与之交往的象征。如果在人际交往中表现冷漠，对别人的反应冷淡，就会减弱对方与其继续交往的动机，不利于人际关系的发展。[①]

二、采用多种人际沟通方式

人际沟通的类别有很多种，不同的人际沟通方式具有不同的沟通效果。因此，我们在社会交往中应采取不同的沟通方式，提高人际沟通的效果，有效促进良好人际关系的建构。

（一）单向沟通和双向沟通

这种分类侧重人际沟通中信息传递的方向。单向沟通指的是信息从发送者到达接收者传递活动便告完结，双方的角色没有发生改变，各自的任务都很单一。双向沟通指的是信息在发送者和接收者之间有循环往复，双方的角色随着任务的不同是互换的，每一方既是发送者，又是接收者。

（二）正式沟通和非正式沟通

所谓正式与非正式，考虑的是社会文化的规定性，尤其是在有严格制度的组织系统内的规定性。那么，正式沟通是说在组织内部规定的、承认的信息交流，非正式沟通是说在组织规定的、承认的沟通方式以外的其他形式的信息交流。例如，在学校中，校方发文件、贴布告、开大会等是正式沟通，而人们私下的闲聊、打招呼等则是非正式沟通。

（三）口头沟通和书面沟通

这种分类是从语言沟通的不同形式考虑的。口头沟通指的是借助口头语言形式进行的信息交流，书面沟通指的是借助书面语言形式进行的信息交流。前者如谈话、演说、集体讨论、会议报告等，后者如书信、便笺、传单、告示等。

[①] 黄希庭：《心理学与人生》，广州：暨南大学出版社，2005年。

（四）垂直沟通和水平沟通

这种分类方式也是关注信息传递的方向，只是加入了社会文化的情景因素。社会是有层级结构的，垂直沟通指的是社会中不同地位的人之间的信息交流，水平沟通则是指社会中相同地位的人之间的信息交流。在垂直沟通中，又可以区分出两种情况：一是上行沟通，即社会中地位较低的成员向社会中地位较高的成员发出的信息交流。一是下行沟通，即社会中地位较高的成员向社会中地位较低的成员发出的信息交流。

（五）言语沟通和非言语沟通

言语沟通是通过语言这种媒介而实现的信息交流，非言语沟通是通过语言以外的媒介（如面部表情、目光交换、身体姿势、肌肤接触，以及人们说话的音调、速度等）而实现的信息交流。人际沟通是多种线索相互作用的结果，视、听、嗅、味、触诸种获取外部信息的方式都在积极地扮演各自的角色，许多非言语的信息在沟通过程中也起着巨大的作用。

三、人际沟通的策略

（一）倾听策略

在人际沟通当中，任何不能被理解的沟通都不能算是成功的沟通。在我们每天的交流中，听是多于说的。虽然我们花在听上的时间最多，但是在听说读写的沟通技能中，倾听却是被教得最少的一项技能。

倾听很重要。在有效的倾听中，我们用耳朵去理解别人，表明的是一种对别人尊重的态度。虽然相较于说而言，听是较为被动的。我们可以主动地表达自己的意见，但是当听的时候，我们就得力图去理解他人的想法和感情，这就要求听者搁置自己的观点和意见。所以，倾听是需要培养的一项沟通技巧。

要培养良好的倾听技巧，要求一个人在倾听的时候，时刻检验自己的倾听习惯，同时在非语言行为的各个方面予以配合，流露全神贯注的神情，视线经常投注在对方身上，身体略微倾向沟通对象，展现一种轻松、自然、开放的姿态。

专栏：改善人际关系——T小组训练方法

　　创始于半个多世纪以前的T小组训练方法，又叫作"敏感性训练"。所谓敏感性，指的是对自己和他人细微心理活动的敏锐察觉。小组由有经验的心理学工作者来主持，通常的训练方式是把参加者集中到远离生活和工作场景的地方，训练的时间一二周或三四周不等。小组训练的主要目的是让参加者掌握怎样有效地沟通和交流的技巧，学会细心地倾听，注意体察自己和别人的感情。

　　在这个小组里，成员没有事先设定的需要解决的某些特殊问题，大家互相坦诚地交谈，直率地交换意见，谈话的内容只限在"此时此地"发生的事情。这种限定在狭窄范围里的自由讨论，逐渐使参加者陷入烦躁不安的情绪中，这里所说的"此时此地"的事情，实际上就是人们的心理状态和心理活动。随着训练的进行，参加者开始更多地注意自己的内心活动，开始更多地倾听自己讲话。同时，由于与他人赤诚坦率地交谈，也开始发现别人那些原来自己没有注意到的语言和行为上的差别。

　　经过一段时间训练，参加者有了两方面的收获：一方面，他们逐步进入自己的内心世界，发现了平时不易察觉到的或者不愿意承认的不安和愤怒的情绪；另一方面，由于细心地倾听了别人的谈话，他们也慢慢地能够设身处地去体察别人、理解别人了。

　　T小组的主要内容是学习有关自己和自己与别人关系的知识，强调的是坦诚交流和及时反馈。实践证明，T小组法是一种有效地改善人际关系的方法。T小组训练方法创造了一种很重要的学习工具，提供了一个安全的环境来使人学习增长自我意识和加强与他人沟通联络的技巧。[①]

（二）非言语行为策略

　　在人际沟通中，非言语沟通是言语沟通的补充形式，有时也单独使用。非言语沟通通常可以补充言语信息、替代言语信息、强调言语信息、否定言语信息、重复言语

---

① 黄希庭：《心理学与人生》，广州：暨南大学出版社，2004：286-287。

信息、调节言语信息等。

以往的研究发现，非言语行为比言语行为透露出沟通者更多的真实意图。因此，与沟通语言一致的非言语行为或者能够表达对沟通对象关心、关注的非言语行为，是有助于人际沟通的。而与沟通语言不一致的非言语行为会让沟通对象觉得非常不舒服，因而妨碍人际沟通。掌握非言语行为需要注意许多方面，包括面部表情、目光、身体姿态、肢体动作、语言语调等，以传达沟通者的真诚、尊重与关注为目的。

（三）自我表露策略

社会渗透理论说明自我表露可以提升人际交往中的吸引力。自我表露除了传递有关沟通者自己的信息让沟通对象更了解自己以外，也传递着对沟通对象表示信任的信息。被信任的对象会给予回馈，表达更多有关自己的信息，这样人际沟通就进入良性循环。

自我表露还能够让自己为他人所熟悉，这也符合人际吸引的熟悉原则，有助于建立更紧密的人际关系，使沟通更加顺畅。从来不谈自己的人，不管能力有多强，只能让人信服，却无法缩小与他人的距离，沟通障碍就会存在。

虽然自我表露能够促进人际沟通，但是自我表露并不经常发生。这是因为人们对自我表露心怀恐惧，害怕表露自我的隐藏面之后，他人会嘲笑、拒绝甚至利用自己。此外，社会对自我表露有一些限制，过多地谈论自己或者在亲密关系以外谈论自己，会被认为是不合适的。因此，我们要把握自我表露的程度，利用适当的自我表露来促进人际关系的良性发展。

第三节
基层工作者人际关系建设的典型案例

一、案例资料

"小巷总理"夏玉波上了《焦点访谈》 获赞"最美基层干部"

核心提示

7月1日，市北区海琴社区党委书记夏玉波的电话特别多，其中大部分都是社区居民向她打来的祝贺电话。因为前一天央视《焦点访谈》重点报道了夏玉波的事迹，详细讲述了她在社区担任"小巷总理"期间，真心对待居民的点点滴滴，并被赞为"心系百姓 为民解忧"的"最美基层干部"。

上了央视居民道贺

"夏书记，你上《焦点访谈》了，祝贺啊！""中央电视台昨晚播放你的节目了，恭喜啊夏书记！"上午10时许，记者来到洛阳路街道海琴社区时，社区党委书记、居委会主任夏玉波正坐在办公桌前，忙着整理楼院环境整治档案。不时有来社区办事的居民来和夏玉波打招呼，祝贺她"上了《焦点访谈》"。夏玉波的电话也接连不断，其中不乏从家里打来电话表示祝贺的居民。"从昨天晚上开始，我的电话就开始不停地响，好多老邻居对我特别关心。"头发已经花白的夏玉波告诉记者，这些居民都是因为看到《焦点访谈》的报道后，来向她表示祝贺的。

忘了还有这么回事

虽然有这么多居民向夏玉波道贺，但夏玉波却没看到这个报道。夏玉波告诉记者，电视台栏目组是 10 多天以前来拍摄这个节目的，原本计划要在前天的新闻联播播放，但那天没有播，她也就没在意，之后因为忙于工作，甚至忘了还有这么回事。"没想到在'七一'建党日的前晚，居然在《焦点访谈》播出了，听说播出时间还挺长的。"夏玉波笑着告诉记者，许多居民告诉她，央视首播的《焦点访谈》节目可以在网上重播，因此她准备当天下班回家以后，让孩子在网上找出这段视频看看。

16 年来劝架上千次

在海琴社区办公室的墙上，贴着"有话慢慢说，天天我都在"10 个醒目大字。"这是我们的承诺。我们天天看，天天做；居民进门能看见，看着我们如何做。"夏玉波告诉记者，1998 年退休前，她一直在四方机厂工作，曾担任过铸钢车间蜡模班班长。退休后在海琴社区当上了社区居委会主任。从上任那天起，夏玉波就成了居民们心中的"主心骨"，谁家有个小纠纷、小麻烦，都会首先想到她。"我都成劝架专业户了。"夏玉波告诉记者，16 年来她劝架上千次，帮助居民协调各种事情更是数不胜数。

海琴社区是一个老城区，社区 56 座居民楼全是 20 世纪 80 年代初建的老国企宿舍楼，3200 户居民中，老年人多、下岗职工多。夏玉波还在海琴社区创立了"365 党员工作室"党建品牌，成立"百姓协会"。

镜头 1　认社区孤寡老人当娘

海琴社区有位 85 岁的孤寡老人黄金欧。每年的 6 月 18 日，夏玉波都会提前定制一个生日蛋糕，和同事们一起到老人家给她过生日，10 多年来从未间断。夏玉波告诉记者，她刚到社区工作不久，就遇到了在路边捡拾煤块的黄金欧，从那以后，她就和老人结成了对子，从看病、买药到修水龙头、换煤气软管，全部为老人包下。每年老人过生日时，她提前订上老人最喜欢的鲜花和生日蛋糕，为老人过生日。老人去年腿痛难忍，夏玉波又拿出 450 元钱，陪她去诊所做针灸治疗。老人激动地拿着一只金戒指递给夏玉波："你就是我的亲闺女，我死了也带不走，我把它留给你，做个纪念吧。"夏玉波婉言谢绝，对老人说：你没什么亲人，我就是你的亲人，我孝敬你是应该的。夏玉波告诉记者，10 多年的来往，她已经把黄金欧老人当成自己的娘，过生日送蛋糕、过年送年货、端午节送粽子、八月十五送月饼……从来没有忘记过。

镜头 2　亲手给残障娘俩洗脚

社区有个残疾人家庭，母亲是智力残障，儿子是精神病人，两人就靠母亲几百元退休金维持生活，生活非常困难。夏玉波第一次上他们家，一推门便闻到一股刺鼻的臭味。原来儿子又犯病了，大便污秽满地都是，家里连个落脚的地方都没有。寒冬腊月里，娘俩还穿着秋天的薄衣服，手、脚都长了冻疮。看到这孤儿寡母，夏玉波的眼泪顿时流了下来。第二天，夏玉波和社区工作人员、老党员就行动起来，为他们清除了垃圾和污垢，掏钱帮娘俩理了发，又亲手给他们洗脸洗脚，夏玉波还从自己家拿来新买的保暖衣裤给他们穿上。过年的时候，夏玉波和大家一块凑钱买了年货送过去，年三十晚上把热气腾腾的饺子送到娘俩嘴边。

镜头 3　甘做居民的"出气筒"

商丘路一栋居民楼安装一户一表，楼下百货店老板就是不同意从他店里走水管。多次协商不成，楼上近 30 户居民堵在百货店门口，逢人就说这个店专卖假货。百货店老板也不含糊，扬言要找"小哥"前来清理。眼见纠纷要升级，夏玉波闻讯一路小跑赶到现场，首先劝说居民回家，又挨家挨户走访，居民没水吃的苦水一股脑倒在她这里。居民诉完苦后，心气就平和了许多。劝好居民，夏玉波又跑到楼下，火冒三丈的百货店老板又冲她发了一顿火。"这时候千万不能着急，矛盾的产生就是缺乏心平气和的沟通。"夏玉波让店老板发完火，才开始跟他商量接水管的事。经过苦口婆心的劝说，店老板最终同意从店里走水管。

夏玉波笑着说，16 年的居委会工作，她练就了啥事都知道的"顺风耳"、啥架都能劝的"铁嘴皮"，啥委屈都能忍的"橡皮肚"，还有就是啥时都不闲着的"弹簧腿"。

链接　成为电影原型搬上银幕

2011 年 2 月，以夏玉波为原型的电影《天天我都在》在海琴社区开机拍摄，这部电影由市委组织部和市歌舞剧院有限公司联合制作，是庆祝建党 90 周年献礼片。曾在影视剧《家有九凤》《焦裕禄》《严凤英》等作品中担纲主演的国家话剧院一级演员张英，扮演女一号"夏玉波"。影片将夏玉波首创的"365 党员工作室"，和给社区群众解决难事、麻烦事等事迹囊括其中。"有话慢慢说，天天我都在"这句夏玉波时常挂在嘴边的一句话，也成为影片女主人公的"口头禅"。2011 年 6 月中旬，《天天我都在》影片首映，让夏玉波成为全国为数不多的走上大银幕的"小巷总理"。

　　从 2010 年开始，夏玉波的事迹就不断在各大媒体刊发、播出，特别是电影《天天我都在》首映后，夏玉波在街道社区成了"名人"。"其实和我一样在社区一线的基层干部有的是，大家干得也不一定比我差，因此这些荣誉对我来说，只能作为工作的动力，让我工作更加努力。"夏玉波说，她感觉自己和以往相比没什么两样。她依然像以前一样，穿梭在海琴社区五十几个楼座，天天都在为民解忧。①

二、案例分析

　　在本案例中，作为社区党委书记的夏玉波在平凡的工作岗位上做出了不平凡的业绩，中央电视台《焦点访谈》栏目对她在社区担任"小巷总理"期间的事迹还进行了专题报道。夏玉波也被赞为"心系百姓 为民解忧"的"最美基层干部"。从材料中可以看出，夏玉波在工作当中，与社区居民之间进行了有效的人际沟通，建构了良好的人际关系，极大地提升了工作效率。

　　首先，不少来社区办事的居民当面祝贺夏玉波书记"上了《焦点访谈》"，也有不少社区居民通过电话向她表示祝贺。从中我们不难看出，夏玉波在工作中结识了很多社区居民，并和他们相处得非常融洽，彼此之间已经成了朋友。因此，大家才会看到电视节目之后向夏玉波表示祝贺。如果只是普通的工作关系，社区居民做出如此举动的人数可能不会太多。从社会交换理论的角度来看，正是因为夏玉波"心系百姓"，所以大家才把她视为朋友。

　　其次，夏玉波当上了社区居委会主任之后，在工作的 16 年时间里"劝架上千次"。社区居民有了小纠纷、小麻烦，"都会首先想到她"。做好人际冲突的调解工作，一方面要求夏玉波有公信力，能够让人信服；另一方面要求她有很强的人际沟通能力，能把话说到居民的心坎上，最终解决矛盾。

　　最后，夏玉波书记为了做好社区孤寡老人的服务，把黄金欧老人当成自己的娘，每年给老人过生日，经常帮老人做家务、看病，节假日看望、慰问老人。夏玉波对待黄金欧老人，首先在关系定位上将老人看成亲人，然后在与老人的交往中也是按照这样的定位去做，因此老人在感动之余才想把金戒指留给她做纪念。

---

① 赵健鹏：《"小巷总理"夏玉波上了〈焦点访谈〉获赞"最美基层干部"》，《青岛早报》，2014-07-02（3）。

此外，在处理社区纠纷时，为了实现"心平气和的沟通"，夏玉波书记甘做居民的"出气筒"，成为啥委屈都能忍的"橡皮肚"。先把矛盾各方的负面情绪消解，然后再用"铁嘴皮"的劝架功夫，有效处理有关的矛盾纠纷，取得了理想的效果。

总的来说，基础工作者的人际沟通能力和社会交往能力越强，他们的人际关系越好，也越有助于他们顺利开展工作。

资源链接

1. 书籍：《非暴力沟通》。非暴力沟通被联合国誉为全球非暴力沟通解决冲突的最佳实践之一，它的培训目前在全球 35 个国家和地区开展。本书介绍了马歇尔·卢森堡博士发现的神奇而平和的非暴力沟通方式。通过非暴力沟通，世界各地无数的人们获得了爱、和谐和幸福。非暴力沟通指导我们转变谈话和聆听的方式，不再条件反射地作出反应，而是去了解自己的观察、感受和愿望，有意识地使用语言，既诚实、清晰地表达自己，又尊重与倾听他人。我们在沟通过程中培育对彼此的尊重、关注与爱，使人和谐互助。在使用爱的语言的同时，我们也提高了自己爱他人的能力。

2. 视频《恒河猴实验》。网址：https://www.bilibili.com/video/BV1EA4y1S7qd/? spm_id_from=333.788. recommend_more_video.4。该视频介绍了美国威斯康辛大学动物心理学家哈里·哈洛做的一系列实验，将刚出生的小猴子和猴妈妈及同类隔离开。一些小猴子与母猴分开喂养后，虽然身体上没有什么疾病，可行为上却出现了一系列不正常现象。这项研究对于理解人类人际关系中的亲子关系及其影响，具有十分重要的价值。

3. 电影《伴我同行》。该影片是由罗伯·莱纳执导，瑞弗·菲尼克斯、威尔·惠顿、科里·费尔德曼主演的美国电影。影片讲述了著名作家戈迪回忆起他 12 岁时的一次冒险活动，当时，年少的戈迪与他的三个小伙伴克里斯、泰迪和维恩为了当一回"英雄"去河的对岸的森林里寻找一具 12 岁男孩的尸体。4 个少年家庭各有问题，他们都有自己的心事。因此，都希望在彼此的身上寻到安全感和肯定。在寻找的途中，他们学到了谨守原则的可贵，也学会了尊重生命。

08

基层工作者的社会认知

　　在现实生活与工作当中，我们常常会面临这样的情况：我们所获得的某些工作信息可能是不完整的，我们对某个工作对象的了解可能是模糊不清的，我们得到某项工作纠纷的信息是相互矛盾的。在这种情况下，我们要处理好各项事务，就需要优化我们的社会认知，减少决策失误。基层工作者如何对他人产生正确的认识？如何只凭借经验对形势做出准确的判断？哪些因素影响我们认识世界的准确性？这些都涉及人类的社会认知问题。

第一节
基层工作者的社会认知与心理健康

一、社会认知的含义

（一）何为社会认知

社会认知指的是个体对他人的心理状态、行为动机和意向等作出推测和判断的过程。社会认知是根据认知者的过去经验以及对有关线索的分析进行的；社会认知还必须通过认知者的思维活动，包括某种程度上的信息加工、推理、分类与归纳。因此，社会认知属于人的思维活动的范畴。人们往往是通过社会认知来推断他人的行为的。[1]

人们对他人的行为进行推测和判断时，往往根据自身的经验来认识他人当时潜在的心理状态。例如，一个心胸宽广的人往往会认为他人的心胸也是宽广的。在实际生活当中，这种推测与判断往往会发生偏差，特别是在复杂的情况和信息不完整的情境下，判断他人的情绪状态与行为动机更加容易发生错误。

社会认知的实质是一个信息加工的过程，是个体对外来的信息进行心理表象与加工的过程。认知心理学家认为，个体是积极的信息加工者，即认知者对刺激加以类化和解释，这种解释依赖于认知者本身的特点、先前期望和比较标准，并且这种加工在不同的个体身上、不同的时间与不同的情境中也是不同的。因此，社会认知是个体行为的基础，个体的社会行为是社会认知过程中作出各种裁决的结果。但这种裁决并不是完全合理的，由于信息加工依靠简单化的直观推断，在遇到复杂的社会信息时，往往会导致重大的偏差。

---

①　乐国安：《社会心理学》（第3版），北京：中国人民大学出版社，2017年。

专栏：获得性启发

　　人们常常根据某种信息容易在心里想起来的程度来进行判断。那些很容易就能回忆起来的信息被认为比那些不太容易回忆起来的信息更平常，这种认知策略就是获得性启发或称易得性启发。

　　例如，你问别人坐火车和乘飞机哪个更安全，几乎所有的人都会告诉你坐火车更安全，飞机容易出事故。其实，飞机事故的发生率远远小于火车事故的发生率，然而一旦飞机出事，电视、广播、报纸等媒体就会纷纷发布头条消息，因此人们看见、听见了太多这方面信息。而火车事故相对要小些，报道也比较少，甚至有些事故出了人们根本不知道。因此，当人们比较两种交通工具的安全性时，他们很容易立即想起关于飞机出事故的报道，所以回答坐火车更安全。这就是人们依据获得性启发来进行认知判断的典型事例。

　　获得性启发是依据个体回忆某类事件的难易程度和能够回忆这类事件的数量来进行判断的。在许多情况下，获得性启发对于人们判断事物的发生频率有一定的帮助，毕竟经常发生的事件就更使人容易想起，因为人们经历得更多，但这种启发很容易产生误差。①

（二）社会认知的特点

每个人在社会生活中都形成了自己固有的认知结构。由于个人的认知结构存在差异，其社会认知会表现出种种特点。

1. 认知的选择性

社会认知具有选择性。人们对社会刺激的态度不同，可能致使其做出予以接纳或不接纳的选择。这主要是由于人们往往是从自己的认知结构、生活经验出发，对当前的社会刺激做出反应。例如，一个人估计到某个社会刺激将给自己带来不利，他就会采取置之不理或逃避的行为，不以该社会刺激为认知对象。

---

① 黄希庭：《心理学与人生》，广州：暨南大学出版社，2005年。

2．认知反应的显著性

在一定的社会刺激下个人心理状态所发生的某些变化将随着个人对社会刺激意义的理解程度而转移。人们的认知总是伴随着一定的情绪体验，当个人认识到该社会刺激对自己有很大利害关系时，其认知反应十分显著，情感与动机等心理状态反应强烈；反之，则心情很少变化，甚至无动于衷。

3．认知行为的自我控制

凡是能激发个人产生焦虑的社会刺激，或者将带来不愉快的刺激，在其生理反应、情绪反应上是非常敏感的，但其认知态度可以是不积极的，可以把这些刺激压抑下来，从而减少焦虑，以增强对社会的适应性。例如，人们常常为了安慰他人或者为了某种避讳说一些善意的谎言，以避免认知者的消极反应。

二、社会认知的基本范围

社会认知的范围非常广泛，包括对整个社会的各种现象的认知，对人与人之间的关系认知，对与自己有直接关系的他人表情和性格的认知，等等。[①]

（一）对他人表情的认知

人的表情非常丰富，也是反映个人身心状态的一种客观指标。在社会生活中，人们往往根据他人的表情来判断其心理。判断的正确程度取决于认知者对他人表情的认知与解释。可以说，人们的表情是一种相当重要、相当丰富的社会刺激，尤其是面部表情更丰富、更重要。此外，身体的动作与姿态、说话的语调等也是判断一个人的情感的客观依据，因为动作、姿态、说话的语调等也属于人们的表情。

1．对他人的仪表认知

仪表是人的各种特征的重要组成部分，构成人的具体形象。初次和一个人接触，我们先看到的是这个人的衣着、高矮、胖瘦、肤色以及整体轮廓等。把这些属于物理方面的特征加以整合，我们就能直截了当地对对方作出某些判断。

仪表认知虽然以有关他人的感受材料为基础，但不只是凭感觉器官的活动来进行。在这里，个人已有的经验知识以及性格等，会同时渗入认知活动。因此，认知者不仅

---

① 吕建国：《大学心理学》，成都：四川大学出版社，2004年。

把他人的仪表特征当作单纯的物理现象，而且把他们看作他人向自己提供的有价值的认知信息，力图从中发现其意义。并且，一个人的仪表往往是其心理、情绪长期积累的某种表现。如一个人心情开朗、心胸开阔，仪表自然、优美、洒脱。因此，仪表也在一定程度上表现出一个人的情绪、情感，甚至性格。

2．对他人的表情认知

表情可以分为面部表情、身段表情、眼神、言语表情。面部表情是以面部肌肉的变化为标志的。通过观察面部各种肌肉的变化测定人的情绪是可能的。埃克曼说，人们能够比较准确地从面部表情上辨别出各种情绪，包括喜、怒、哀、乐等。不过，一个人的面部表情所能显示的情绪远远不止这几种，还有不少是多种不同情绪的混合。并且，面部表情与其心理活动之间不一定是一一对应的。有些人面部表情淡然，但内心非常复杂，情绪变化急速。

身段表情又称姿势。个体的情绪状态可以在身体姿势的变化中流露出来，如点头、招手、鞠躬致意、双肩收紧、各肢体变化频率等。在身段表情中双手最富有表情，从双手动作上认知他人情绪，其准确率不亚于对面部表情的认知。

人们常说，眼睛是心灵的窗户。眼神的情绪表达功能人人都熟悉。如眼珠转动频繁，回避他人眼光或眼光呆滞等，这些变化都能表明一个人的心情。

言语表情，是指一个人说话时的声音音量、声调、节奏等的变化所表现出来的情绪、情感。在日常生活中，我们可以通过别人说话的方式判断其内心状态。

（二）对他人性格的认知

对一个人性格的认识，一般要经过长期的观察甚至与之相处才有可能，正如古人所说："路遥知马力，日久见人心。"但人们对他人性格的某些方面，在较短时期之内是可以认识到的。如说话的快慢、语气的强弱，可以反映某人脾气的急缓；一个人做事情、写信，往往开始认真而后面马虎，可能与此人意志力不强有关。

了解一个人的过去生活经历，有助于加深对其性格的认识。例如，生活在备受宠爱、以自我为中心的家庭的孩子，有可能形成自私自利、好逸恶劳的性格。但是，这并不是绝对的，一些经历过艰难的人，可能对生活乐观；一些长期生活顺境中的人反而悲观。并且，一个人在家里兄弟姐妹中的排行位置可能会决定其产生不同的性格特征。一般来讲，长子长女往往有一定的独立性，而最小的孩子往往比较娇气、胆小。此外，由于性别角色的社会化条件不同，女性多温柔、娴静，而男性则多刚强、果断。

对性格认知的研究是很不容易的，其中最重要的一个问题是缺乏科学的、客观的标准。标准必须能够确切地反映认知对象的性格，而评价他人性格的标准极难统一，存在很大的个体差异。对同一个人，不同个性的评价者会做出极不相同的评价。

（三）对人际关系的认知

对人际关系的认知，包括两层意思：一是对自己与他人关系的认知；二是对他人与他人之间关系的认知。在社会生活中，人与人之间的关系是通过相互交往与相互作用表达出来的，而这些相互作用和相互交往往往通过意见、情绪、态度等来体现。因此，人们推测自己与他人的关系或者推测他人与他人的关系，往往根据他人经常表达的意见、表露的态度和情绪来推测。例如，甲总是夸我，而不夸乙，我也总是对甲很好，而对乙不理睬，于是我以及别人都认为甲与我关系很好。

对人际关系认知的一个明显特点，就是认知者的情感成分参与其中。人们在认知人际关系时，总是带有一定的情绪色彩。个体在认知他人与他人关系时，有的带有崇敬的心情，有的则带有蔑视的情绪。

社会认知对于个体的社会化成熟具有重要的促进作用。对他人表情和性格的认知有助于观察一个人的情绪、情感表现和性格特征，这能够帮助他认识他人和理解他人。对人际关系的认知有助于协调人际关系。因此，教师或领导应该给予他人更多的关注，以实现认识、理解他人，协调人际关系，调整教育和管理措施，真正实现人本化的管理，提高工作效率。

三、社会认知中的归因

一个人对自己或他人的认识不同于对外界事物的认识，对他人的认识需要对其内在状态加以推测，这会涉及其动机、性格、情绪和态度。个体只能依靠从外部线索获得的间接资料加以推论。有关推论的研究，逐渐形成了归因理论。[①]

（一）归因的含义

归因是指人们对他人或自己的所作所为进行分析，指出其性质或推论其原因的过

---

①　乐国安：《社会心理学》（第3版），北京：中国人民大学出版社，2017年。

程，也就是把他人的行为或自己的行为的原因加以解释和推测。人们进行归因的目的在于预测、评价人们的行为，以便对环境和行为加以控制。人们行为产生的原因不外乎内因和外因两种，内因是指个体自身具有的、导致其行为表现的品质和特征，包括个体的人格、情绪、心境、动机、欲求、能力、努力等。外因是指个体自身以外的、导致其行为表现的条件和影响，包括环境条件、情景特征、他人的影响等。内因和外因对人们行为表现所起的作用是各不相同的，但二者相辅相成，共同制约人们的行为表现。

归因这种心理现象在生活中十分普遍。人们随时都在进行归因。例如，路上遇到一个朋友，但他没有和你打招呼，这时你就很有可能会想为什么他会那么做，是他没有看见自己，还是他有意不理自己。

（二）归因理论

1. 海德的朴素归因理论

归因理论研究是从美国心理学家海德开始的。海德的归因理论有一个基本的概念叫常识心理学，即素朴心理学。这一概念受现象学（哲学流派）影响极深。

在海德看来，要了解常识心理学，只要听人们用来描述其经历的自然语言就够了。就是说，只要我听一段你对他人看法的谈论，就可以大致了解你理解了他人行为的原因；如果我听了足够多的人谈论的话，那么你理解的就是别人行为原因的共同之处。这有助于我们提出一个因果推论的理论。

海德认为，我们每一个人都是常识心理学家，每一个人都具有关于人类行为因果关系的一般理论观点。他认为，人的行为的原因分为两种：一种是个体自身之外的原因，将行为的原因归于此，就称作情境归因；另一种是个体自身之内的原因，将行为的原因归于此，就称作个人倾向归因。

2. 维纳的归因理论

美国心理学家维纳根据海德的理论，研究了人们对成功与失败的归因倾向。他认为，个体的行为可以归结为许多可能的因素，但都可以把它们归入内在—外在、稳定—不稳定四个范畴中（见表 8-1）。

表 8-1　个体成功行为的决定因素分类

稳定性＼支配原因	内在的	外在的
稳定的	能力	任务难度
不稳定	努力	运气

　　把个体成功或失败的行为归于何种原因，对其今后工作的积极性有重要影响。维纳等人的研究表明：把成功归于内部原因如努力、能力等，使人感到满意和自豪；若把成功归于外部原因如任务的容易、运气好等，使人产生意外的和感激的心情。把失败归因于内部原因，则使人感到内疚和无助；若把失败归于外部因素，则会使人产生气愤和敌意。把成功归于稳定因素如任务容易或能力强，会提高以后的工作积极性；若把成功归于不稳定因素如运气好或努力，则以后积极性既可能提高也可能下降。把失败归于稳定因素如任务难和能力差，会降低其以后工作的积极性；若归于不稳定因素如运气不好或不够努力等，则可能提高其今后工作的积极性。

　　维纳认为，能力、努力、运气和任务难易是个体分析工作成败的主要因素。一般来说，追求成功的人把成功的原因归于自己能力强，而把失败的原因归结为自己不努力，认为只要努力，就会成功。相反，避免失败的人往往把成功的原因归结为运气好、任务容易等外部原因，而把失败归于自己无能。由于避免失败的人把成功与否归结为自己无法控制的外部原因，认为再次成功把握不大，因而常常退让。追求成功的人把成功与否归结为自己是否努力，自信通过努力能够成功。

3．凯利的三维归因理论

　　美国心理学家凯利提出了"三维归因理论"。他认为，人们要横跨三个不同的范围来检验因果关系，即客观刺激物、行为者、所处的情景或条件。因此，人们做出行为的原因十分复杂，有时仅凭一次观察难以推断他人做出行为的原因，必须在类似的情景中多次观察，根据多种线索做出个人或情景的归因。

　　三维归因理论将外界信息分为三种不同的信息资料，即区别性资料、一致性资料和一贯性资料。所谓区别性资料，就是他人行为是否特殊。所谓一致性材料，就是分析他人行为表现是否与其他人一致。所谓一贯性材料，就是分析他人特殊行为的发生是一贯的还是偶然的。在对他人行为进行归因时，根据三个不同的范围，沿着上述三个方面的线索，我们可以进行正确的归因。

然而，在日常生活中，我们经常无法充分掌握各类信息。例如，我们可能不曾在从前的某些场合观察过这个人，无法获得关于他的一贯性信息，或者我们不知道在同样情境下其他人会有何种反应，无法获得一致性信息。

第二节
基层工作者社会认知提升的常用方法

一、防范社会认知偏差

人们在进行社会认知的过程中，由于社会知觉受其对象的复杂性、知觉者的主观性以及知觉者加工信息能力的有限性等因素的影响，人们在知觉他人或自己时不可避免地会产生偏差。基层工作者要想提升自己的社会认知，就需要认识这些偏差，并在工作生活中尽量避免偏差。应当说明的是，社会认知偏差往往是人们简化信息加工程序的结果，并不一定总是不好，有时可以加快信息加工的速度，并有效地保护个人的自尊。除了首因效应、近因效应、信念固着偏见、负向效果、刻板印象之外，社会认知偏差还有许多种类。[①]

（一）积极性偏差

积极性偏差是指个体在评价他人时，往往更多地对他人作出积极的、肯定的评价，即评价他人时总是有一种特别宽大的倾向。因此，积极性偏差也被称为"宽大效应"。

对他人作出积极的评价会使被评价者和评价者都感到愉快，因此人们更倾向于积极地评价他人。在缺乏其他信息资料的情况下，人们往往会对他人作出宽大的估计。宽大作用的发生是因为人们在社会生活中遵循"波利阿纳原则"。波利阿纳是小说中的人物，是一个过分乐观，并总以主观善良的愿望看待一切事物的人。"波利阿纳原则"是由马特林等（K. E. Matlin）提出的。

---

① 黄希庭：《心理学与人生》，广州：暨南大学出版社，2005年。

对于普通人来说，愉快的事情总比不愉快的事情更平常。人们在生活中所遇见的事情大多是好的（如好事、愉快的经验、好人、好天气等），即使偶尔遇见一些不好的事情（如生病、同事对他不好、天气很阴沉等），他们仍然更积极地评价周围的环境，在大多数时间里对大多数事件作出"高于平均水平"的评价。

有一种观点认为，"宽大效应"只在对人的认知时发生，而对物的认知则不一定发生。西尔斯（D. O. Sears）提出了对人的积极性偏见概念。人们觉得他所评价的人都与他们相似，人对人是具有同情心的，可以认同对方，从而作出更宽大的评价，而对物则不会出现这种情况。西尔斯让学生对自己所选的课程和任课教师作评价，对课程的评价主要是教材、考试等非人格方面，对教师的评价主要针对教师本身的人格方面。研究结果发现，96%的教师得到了学生积极的、肯定的评价；相反，只有19%的课程得到学生积极、肯定的评价。

（二）自我中心偏差

自我中心偏差是指人们常常夸大自己在某件事务中的作用的倾向。自我中心偏差在日常生活中较为常见，如夫妻两个人都认为自己在家务中做的事情更多，大学集体宿舍的学生都认为某次宿舍获得"文明卫生奖"的大部分功劳应归于自己，篮球队员总认为自己在比赛中的地位很重要，这些都是自我中心偏差。

有时，人们通过言语或行为表达出这种偏差，而有时虽不公开表露，但心里认为自己在合作中的地位更重要，因此对本来是公平的分配很不满意，认为没有"按劳分酬"。

汤普森（S. C. Thompson）和凯利（H. H. Kelley）在研究发现，夫妻双方中的每一方都认为自己在一些活动中承担的责任大于1/2，这些活动包括两人单独相处时谁会主动与对方聊天以消除寂寞、解决冲突，以及对对方需要的敏感性等。

美国学者卡鲁索在另外一项研究中，在一个团队刚刚完成某个项目的时候，要求这个团队的每一个成员评估他在完成这个任务中的贡献率。他调查了很多团队，每个团队都要求团队成员把他们自己的贡献率写出来，然后将每个团队成员估计的贡献率相加，再计算出参与研究的所有工作团队的贡献率平均值，最终发现这个平均值是139%。

（三）证实偏差

人们已有的观念或者期望会影响他的社会认知和行为。他们总是有选择地去解释并记忆某些能够证实自己已有的信念或者图式的信息，这就是认知证实偏差。

例如，我们认为某个人是外向型的，以后对这个人所表现出的与外向有关的品质（如热情、喜欢交际等）注意得更多，并更容易回忆起来，而对这个人所表现的与外向无关的品质（如谨慎、敏锐等）却不怎么注意。

同样，人们根据社会刻板印象去评价个体，也要证实个体与其头脑中已有的图式是相吻合的。证实偏差导致个体过分相信自己判断的准确性。评价一旦形成便不轻易改变，这种偏差在错觉相关效应中最为明显。如果两种因素相互联系，人们就更容易注意并记住它们相互联系的信息，这种期望歪曲了人的知觉和记忆，使人将两种因素之间的联系知觉得比实际上更强烈。

人们对一个人的社会行为总有一定的图式，这种既有的图式会使这个人交往时做出符合图式的行为。也就是说，其行为表现符合他人对其行为的期望，这就是行为证实偏差，实质上就是"自我实现的预言"。

斯奈德等（M. Snyder）在一项研究中，让一些男性被试在电话中与他们不相识的女人交谈，事先告知一些被试，与他们谈话的女人相貌很漂亮，而告诉另一些被试，与他们谈话的女人相貌不好。研究者分析了被试对电话中女人谈话的评论，发现那些被告知很漂亮的女人的谈话被认为比那些不漂亮的女人的谈话热情得多、可爱得多。出现这种情况的原因在于，男性被试与"漂亮"女性谈话时更热情也更可爱，对方便作出了相应的反应。其实，与他们谈话的女性未必真的漂亮，但男性被试关于漂亮女性行为的图式引导她们做出与之相吻合的行为。

（四）虚假一致偏差

人们常常高估或夸大自己的信念、判断及行为的普遍性，这种倾向称为虚假一致偏差。这种偏差是人们坚信自己信念、判断的正确性的一种方式。当遇到与此相冲突的信息时，这种偏差使人坚持自己的社会知觉。人们在认知他人时总喜欢把自己的特性赋予他人身上，假定自己与他人是相同的，如自己疑心重重，也认为他人疑心重重；自己好交际，也认为别人好交际。

罗斯等（L. Ross）在一项经典研究中，询问大学生是否愿意在身上戴一块写有字的大广告牌子在校园里漫步 30 分钟，有些人愿意，而有些人则拒绝了。可是两类人都认为大学生中有 2/3 的人会同意他们的选择（同意或拒绝）。显然，他们的估计都不是正确的。

这种社会认知偏差存在于许多人身上，正是认为有很多人的信念、价值观与行为与自己一致，所以人们才坚信自己的判断及行为的正确性。例如，吸烟者普遍认为大多数人也和他一样吸烟。

（五）晕轮效应

一个人对他人的某种特征形成好或坏的印象后，还倾向于据此推论他人其他方面的特征，这就是晕轮效应。好恶评价是印象形成中最重要的方面，在知觉他人时，人们往往根据少量的信息将人分为好或坏两种，如果认为某人是"好"的，某人则被一种好的光环所笼罩，赋予其一切好的品质；如果认为某人"坏"，某人就被一种坏的光环笼罩住，认为这个人所有的品质都很坏。后者是消极品质的晕轮效应，也称扫帚星效应。

人的社会认知往往受到个人"内隐人格理论"的影响，他们常常从个人具有的一种品质去推断他的另一种品质。尤其当存在"核心"品质时，人们更具有这种推论倾向，这使得在社会知觉中人们对他人的评价往往具有很高的一致性，即认为好者十全十美、坏者一无是处。

晕轮效应是一种"以偏概全"的评价倾向，严重者可以达到"爱屋及乌"的程度，即只要认为某人不错，便认为他所使用的东西、跟他要好的朋友、他的家人都不错。当然，也可能出现"扫帚星效应"：一个人被认为是"坏的"，那么他就被一种消极的光环笼罩，人们会认为这个人所有的品质都是不好的。

 专栏：《三国演义》中曹操见张松的故事

《三国演义》中的张松原本是益州牧刘璋的部下，其长相难看，额头尖，鼻偃齿露，身高不满五尺，言语有若铜钟，但很有才干，可以过目不忘。他虽然是栋梁之材，但在刘璋手下却不得重用。因此，在一次奉命出使许都时，他想将自己绘制的西川地理图献给曹操并帮助曹操获取益州。

> 与曹操见面后，曹操因为不喜欢张松的长相而在言语行为上对张松很是怠慢，后又由于张松在言语上顶撞曹操，曹操令人将他乱棍打出。张松归蜀时途经荆州，为刘备所厚待，于是张松就将西川地理图献给刘备，使刘备顺利获取益州。[①]

（六）自我服务偏差

人们常常有对自己的良好行为采取居功的态度，而开脱自己的不良行为的倾向，这称为自我服务偏差。自我服务偏差包含自我中心偏差，是个体对自我知觉的一种偏差，人们都倾向于提升自我的形象来提高自尊。

勒纳等人（M. J. Lerner）的研究发现，多数成年人认为自己对年迈父母的赡养要多于自己的兄弟姐妹。但是对于自己应负的责任，多数人会尽量否认。古因（B. Guerin）在一项研究发现，多数曾因车祸住院的司机，都认为自己比别人驾车更安全、熟练。他们可能会描述说："我正开着车，不知从哪里窜出一辆车来，我来不及刹车，就被撞了。"

从归因的角度来看，我们经常将我们在考试中得到的好成绩归因于自己的努力、技巧或智力，而将不及格归因于考试太难、我们准备的东西恰好没考、运气不好，或老师讲得比较糟糕。我们若取得比赛的胜利，那是因为我们这项运动上有特长、有天赋；若输掉比赛，则是运气差或环境中其他客观的东西在作怪。这种把成功归因于自己而否定自己对失败负有责任的倾向性，就是自我服务偏差。

（七）后视偏差

所谓后视偏差，指的是个体面临不确定性事件的新信息时，往往对先前获得的信息有过高的估计，进而在决策上发生偏差。这是一种典型的"事后诸葛亮"现象。当一个人在回忆自己的判断时，倾向于认为其判断比实际上更为精确。

在社会认知中，人们大多是"事后诸葛亮"，事情发生后总觉得自己事先的判断很准确，然而事实并非如此。例如，以前对某个人的评价并非很贴切，而当这个人做出某种行为之后，他就说："看，我以前就认为他是这样的人。"对事物的判断也是

[①]　胡竹菁、胡笑羽：《社会心理学》，北京：中国人民大学出版社，2014年。

如此，如果让一些人预测一场足球比赛谁将获胜，大家猜测 A 队获胜的概率很高，结果 B 队胜了，事后让大家回忆自己当初估计哪个队获胜，很多人认为自己当初就认为 B 队能胜。事件发生的前后，人们的判断出现了不一致。

后视偏差并非人们有意让别人知道其评价比较恰当，即便不当着他人面，让个人在单独情况下说出自己原先的知觉时，这种现象也会发生。它是一种真正的记忆歪曲，说明个人在社会认知中不由自主地倾向于认为自己的判断是正确的。

二、关注社会认知的影响因素

（一）认知主体因素

1. 既有经验

一个人先前的经验对社会认知过程有特殊的影响。个体在先前经验的基础上，形成某些概括认知对象特征的标准和原型，从而使认知判断更加简洁明了。

认知主体的既有经验还会制约他的认识角度。例如，面对同一棵大树，木匠可能更多地着眼于它可以做成什么家具，而美术家更可能更多地着眼于大树的艺术美感。

2. 价值观念

价值观念是指个体对客观事物（包括人、物、事）及对自己的行为结果的意义、作用、效果和重要性的总体评价。认知主体如何评判社会事物在其心目中的意义或重要性直接受到其价值观念的影响，而事件的价值则能够增强认知主体对该事件的敏感性。

3. 情绪情感状态

认知主体的情绪与情感状态会直接影响其认知活动的积极性。莫瑞（H. A. Murray）的研究发现，处于恐惧状态下的人对恐惧更为敏感。在一项研究中，他让一些女孩做一种很吓人的游戏，再让她们和其他女孩一起判断一些面部照片，结果那些做过游戏的女孩与没有做过游戏的女生相比，容易把面部照片判定为更加可怕。

（二）认知对象因素

1. 认知对象的魅力

构成个体魅力的因素既有外表特征和行为方式，也有内在的性格特点等。人们常说某个人有魅力，这意味着他具有一系列的积极属性，如美丽、聪明、友好、正直、能力强。但是，在实际的社会认知过程中，认识对象只要具有其中一两个特征就可能被认为是具有吸引力和有魅力的。

美貌是形成个人魅力的主要因素。一个人的魅力，除了美貌之外，正直的人格、高尚的道德、过硬的专业能力、和善友好等一些品质也可以增加个人魅力。

2．认知对象的知名度

认知对象知名度的高低，也影响别人对一个人的认知。一个有较高知名度的人，人们可以通过某些传播媒介或其他人所传递的有关他的信息，在正式结识他之前就已经开始进行社会认知了。

当然，根据间接信息所进行的社会认知，受他人的影响比较大，无论认知主体是否相信这些口口相传的信息，他都会据此形成一定的判断。一旦亲身接触知名人士，认知主体首先就会检验原有的看法。在通常情况下，某个人的知名度越高，社会评价越积极，那么对认知主体的认知活动影响越大，认知主体越会先入为主地将他看成有吸引力的人。

3．认知对象的自我表演

社会认知是双向的，互动性是其重要特征。就单向的社会认知而言，认知对象也不是完全被动的，认知对象可以根据自己的意愿来表现自己的一些方面，同时隐藏另外一些方面，从而影响认知主体的认知活动。

戈夫曼创立的戏剧理论认为，每个人都可以通过表演，即强调自己的一些属性，来隐藏其他属性，试图控制别人对自己的印象。如果表演成功的话，认知对象就可以给不同的认知主体留下不同的印象。

（三）认知情境因素

1．空间距离

社会心理学发现，空间距离可以显示两个人的接近程度。在人们的认知活动中，空间距离构成了一个情境因素。人与人之间的距离是人们无意识确定的，但能够影响认知主体的社会判断。例如，看到两个人相互接近低声交谈，有的人会认为她们正在说一些不想让别人听到的话，这反映了两个人的关系较为密切。

2．背景环境

在认知活动中，认知对象所处的背景也常常成为判断的参考。人们往往会以为出现在特定背景下的人必然是从事某种行为的，因此，其个体特征也可以通过背景加以判断。背景不但可以帮助我们判断对象的个性，还可以帮助我们判断对象的感情。

第三节
基层工作者社会认知应用的典型案例

一、案例资料

期盼——网民多些宽容和理解

"不管好事还是坏事，千万别成舆情热点，不然就是一通忙乱。"西南某地宣传部工作人员陈某告诉记者，新媒体时代信息传播速度越来越快，一旦成为舆情热点，就会极大地增加基层工作量。

"像我们这样的西部欠发达县，正能量成热点的概率极小，热点基本都是负面的。"陈某告诉记者，经过几次舆情热点，自己对如何处理这类热点，也算是略有心得：尽快披露事实，优先回应网友质疑……

然而，陈某却坦言工作不易。"舆论引导讲究快，可是绝大多数网友根本等不及调查结果，很多时候是情绪宣泄。"陈某告诉记者，一次该地出现旅游纠纷，网上一边倒地批评当地，可是通过调查发现，是游客挑衅。"虽然最后真相大白，可是对我们当地还是有影响。看着网上恶评，一些干部也比较气馁。"

"我也知道，在网上我们基层干部形象不好。"东部沿海某地一县委办工作人员严明（化名）认为。"好事不出门，坏事传千里"，负面新闻传播更广一些，"比如最近的两条新闻，一个是村支书把住别墅的亲戚定为贫困户结果被免职，另一个是'90后'干部扶贫路上殉职。两相比较，前者受到很多人关注，后者却很少。"

调研中，很多干部都表示，对群体中的"害群之马"当然要清除，但也期盼网民能看到广大基层干部是好的，对基层干部多点宽容和理解。[1]

---

[1] 杨文明、吴勇、李刚：《基层干部状况调查①：听基层干部谈忧说盼》，人民日报，2018-01-19（4）。

二、案例分析

社会心理学认为，人们在社会认知过程中，有多种不同类型的信息加工。有时，人们的社会认知过程常常是在无意识状态中进行的，无意识的社会认知过程主要借助自动化信息加工过程。自动化信息加工过程是指无意识的、不带明确意图的、自然而然的社会信息加工过程。

自动化信息加工经常是自动运行的，认知主体对其思考过程和思考内容没有过多的了解和意识，这种社会认知方式可以使我们付出很少的思维努力，但其思考结果基本上可以应对多数情况。

自动化是人们社会认知的一条心理捷径，其优点在于可以帮助我们在最短的时间内做出最有可能正确的判断和决定。但是，自动化信息加工的结果可能不是最准确的判断和最佳的决定。

在案例材料中，网络舆情一方面有利于清除害群之马，另一方面却反映出网民的非理性特点，有时甚至是肆意的情绪宣泄。他们对信息不加分析和思考就开始指责谩骂，带来不少负面影响。

资源链接

1. 书籍：《社会认知心理学》。本书作者为王沛和贺雯，由北京师范大学出版社于 2015 年出版。本书全面介绍了社会认知心理学的概念、发展简史、研究方法衍变，并具体从人际认知、道德认知、群际认知、社会事件认知等几大方面展开，内容涉及社会知觉与印象形成、攻击行为中的认知过程、亲社会行为中的认知过程、亲密关系、道德认知发展、道德判断与决策、刻板印象、元刻板印象、归因、推理、社会判断与决策等。

2. 公开课《社会认知心理学》。网址：https://www.bilibili.com/video/BV1n34y1x7q6?p=1。本课程为加州大学伯克利分校的视频课程，共有 25 讲。该课程主要以 PPT 的方式讲述了社会认知观点、社会认知神经心理学、社会知觉、社会记忆、社会分类、社会判断和推理等有关社会认知方面的心理学知识。

参考文献

［1］ 刘翔平. 积极心理学：第2版［M］. 北京：中国人民大学出版社，2018.

［2］ 苗元江，余嘉元. 积极心理学：理念与行动［J］. 南京师范大学学报：社会科学版，2003：81-87.

［3］ 郑雪. 积极心理学［M］. 北京：北京师范大学出版社，2014.

［4］ 郝宁. 积极心理学：阳光人生指南［M］. 北京：北京大学出版社，2009.

［5］ 盖笑松，林东慧，吴晓靓. 积极心理学［M］. 上海：上海教育出版社，2020.

［6］ 郑红渠. 积极心理学背景下基层党员干部心理健康服务体系的构建［J］. 心理月刊，2014（19）.

［7］ 祝卓宏. 如何为基层干部提供有效的心理健康服务？［J］. 心理与健康，2010.

［8］ 冯林. 创新思维与技法［M］. 大连：大连理工大学出版社，2009.

［9］ 夏昌祥，鲁克成. 点燃创新之火：创造力开发读本［M］. 北京：科学出版社，2006.

［10］ 谭小宏. 应用创造学教程［M］. 武汉：武汉大学出版社，2014.

［11］ 俞文钊. 创造心理学［M］. 上海：同济大学出版社，2020.

［12］ 陈劲，郑刚. 创新管理：赢得持续竞争优势：第3版［M］. 北京：北京大学出版社，2020.

［13］ 庄锦英. 决策心理学［M］. 上海：上海教育出版社，2006.

［14］ 金玉兰，沈元蕊. 管理决策模型与方法［M］. 北京：清华大学出版社，2019.

［15］ 邱霈恩. 领导学：第五版［M］. 北京：中国人民大学出版社，2021.

［16］　孙科炎. 聪明的决策者：管理决策究竟是怎么一回事［M］. 北京：中国电力出版社，2014.

［17］　马浩. 管理决策：直面真实世界［M］. 北京：北京大学出版社，2016.

［18］　李纾. 决策心理：齐当别之道［M］. 上海：华东师范大学出版社，2016.

［19］　王明姬，姚兵. 管理心理学：做个会读"心"的管理者［M］. 北京：北京师范大学出版社，2020.

［20］　靳树霞. 你其实不懂管理心理学［M］. 北京：北京理工大学出版社，2018.

［21］　朱永新. 管理心理学：第 2 版［M］. 北京：高等教育出版社，2007.

［22］　程正方. 管理心理学［M］. 北京：开明出版社，2012.

［23］　吴晓义. 管理心理学：第 3 版［M］. 广州：中山大学出版社，2015.

［24］　程正方. 现代管理心理学：第 3 版［M］. 北京：北京师范大学出版社，2004.

［25］　张术松，汪雷. 管理心理学概论［M］. 合肥：合肥工业大学出版社，2008.

［26］　商磊. 管理心理学：实战管理中的心理战术［M］. 北京：中国法制出版社，2013.

［27］　朱永新. 管理心理学：第 2 版［M］. 北京：高等教育出版社，2007.

［28］米苏. 聪明人都在用的时间管理法［M］. 北京：中国纺织出版社有限公司，2020.

［29］　呼志强. 高效：图解简单易行的时间管理术［M］. 北京：中国铁道出版社，2016.

［30］　胡婧怡，何勇. 基层干部状况调查之二：他们每天忙些啥［M］.《人民日报》，2018-01-20（4）.

［31］　张娇飞. 时间管理：超好用的 68 个时间管理技巧［M］. 北京：中国纺织出版社有限公司，2020.

［32］　李笑来. 把时间当作朋友：第三版［M］. 北京：电子工业出版社，2013.

［33］　金瑾，林为，高尚仁. 印象管理与心理健康表现之相关［J］. 心理科学，2008，31（6）.

［34］　宋强. 职场印象管理［M］. 北京：经济日报出版社，2016.

［35］　吴晨钰. 毕业生印象管理策略及其在求职面试中的应用［J］. 现代交际，2011（6）.

［36］ 乐国安．社会心理学［M］．北京：中国人民大学出版社，2009.

［37］ 张霖．印象管理：你的人生更美好［M］．郑州：河南人民出版社，2006.

［38］ 于环．应聘面试中的非言语印象管理策略［J］．经营与管理，2012（2）.

［39］ 张爱卿，李文霞，钱振波．从个体印象管理到组织印象管理［J］.心理科学进展，2008，16（4）.

［40］ 郑全全，俞国良．人际关系心理学［M］．北京：人民教育出版社，1999.

［41］ 乐国安．社会心理学：第3版［M］．北京：中国人民大学出版社，2017.

［42］ 黄希庭．心理学与人生［M］．广州：暨南大学出版社，2005.

［43］ 金盛华，徐文艳，金永宏．当今中国人人际关系与身心健康的关系——社会心理医学研究［J］．心理学探新，1999（3）.

［44］ 吕建国．大学心理学［M］．成都：四川大学出版社，2004.

［45］ 黄希庭．心理学：第2版［M］．上海：上海教育出版社，2020.

［46］ 金盛华．社会心理学：第3版［M］．北京：高等教育出版社，2020.

［47］ 赵健鹏．"小巷总理"夏玉波上了《焦点访谈》获赞"最美基层干部"［N］．青岛早报，2014-07-02（3）.

［48］ 吕建国．大学心理学［M］．成都：四川大学出版社，2004.

［49］ 乐国安．社会心理学：第3版［M］．北京：中国人民大学出版社，2017.

［50］ 黄希庭．心理学与人生［M］．广州：暨南大学出版社，2005.

［51］ 杨文明，吴勇，李刚．基层干部状况调查①：听基层干部谈忧说盼［N］．人民日报，2018-01-19（4）.

［52］ 钟毅平．社会认知心理学［M］．北京：高等教育出版社，2012.

［53］ 胡竹菁，胡笑羽．社会心理学［M］．北京：中国人民大学出版社，2014.